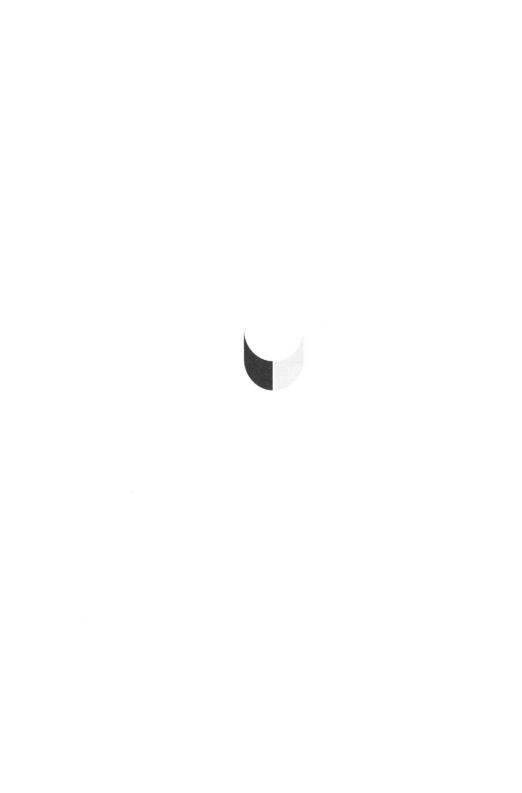

這樣想**沒錯**
但也**不對**的**邏輯思考課**

哲學家告訴你關於
戀愛、校園、人生、心理、社會的 40 個大哉問

冀劍制・著

邁向成熟思路的過程——
哲學發現思考盲點

　　很高興這本書要出新版了。從初版至今，剛好過了十年。在這十年間，對我來說，有了很多轉變。最大的轉變大概就是我不再是一名「哲學系老師」。

　　少子化問題淹沒了許多大學哲學系。從佛光大學與南華大學的哲學系停招後，華梵大學哲學系也終於在上個學年度結束後劃下句點。我則轉到東方人文思想研究所，繼續我的教學工作。當然，還是一樣教哲學，還是一位哲學老師，只不過不是哲學系的老師，而我所教的哲學，也從過去以大學部學生為主的邏輯學與英美哲學，轉變成以研究所為主的比較哲學、東方思想、以及人生哲學。

　　對大多數老師來說，這應該是一件很辛苦的轉型。尤其對於那種擁有萬年筆記的老師來說，感覺上是一切重新來過，所有課程必須全部重新規劃。然而，對我而言，其實差異不大。因為多年來，就算上一樣的課，我也一直不斷翻新課程內容，不斷思索究竟該教些什麼？怎麼教？雖然這是一件苦差事，但甘之如飴。

　　所以，非常高興在我個人十年的成長之後，還有機會重新檢視這本書裡所談到的各種話題，並且好好修改。尤其可以把之前

說得不夠清楚的，重新用一種更令人滿意、更有說服力的方式，協助學子們一起探索。

這本書，針對四十個問題提出反思，這些都是我認爲平常人們容易想錯的問題。希望我的思路，可以提供給不同觀點的人參考，如果因此而改變想法，那很好，無論未來是否還會再改變，這絕對是讓思路邁向成熟過程的成長。如果不同意我的觀點，也沒關係，當作是在學習哲學思考。

哲學思考，通常並沒有辦法達成絕對正確的目標，只能盡可能找到最合理的答案。如果你認爲自己的想法比較合理，建議不妨找個第三者討論，看看能否說服對方，就當作是一種論理的練習。如果不行，或許可以再思考看看，自己在論理表達上是否有什麼問題，或是思路是否陷入什麼盲點？如果能發現自己的思考盲點，那是思維能力的極大進步。所以，無論在內容上是否能夠提供幫助，至少希望這本書在哲學思考層面，可以爲讀者帶來益處。

2023 年 1 月，於華梵大學薈萃樓

讓我們一起看清事物的荒謬本質

　　哲學的旅程，不僅探索形上世界，也同時深入日常生活舊有的想法。有些看似理所當然的觀念，在哲學介入後變得荒唐可笑。於是，哲人們總會有些異於常人的理念，不爲標新立異，而是跳脫了思考的侷限，看清事物的荒謬本質。

　　在大學任教，我最愛舉的例子是「算命與自由意志的衝突」。所謂「自由意志」，指的是在能力範圍內，人們眞的可以自由做出選擇（而不是命中注定會做的選擇），就像選擇要怎麼填大學志願一樣。在日常生活中，很少有人會反對這種自由意志的存在。但是，卻有很多人相信算命，算算看幾歲會結婚、未來是否會成功等等。然而，如果自由意志眞的存在，這種算命根本就是不可能的。因爲這些未來事件都在自己與別人自由意志的管轄範圍，既然事情尚未被決定，哪有東西可算？就算對算命只存著半信半疑的態度也不行，因爲兩者的世界觀是相衝突的。相信了一個，就必須排除另一個。

　　深思之後，多數人會在理智上放棄算命的可能性，因爲，放棄自由意志實在是很離譜的想法。但是，我們的推理還沒結束。

　　在日常生活中，我們也相信科學。如果有一天科學家報導，

「火星上曾經存在有生物。」即使在未經追問其證據之前，我們通常會相信這是事實。然而，多數人也知道當今科學的世界觀是什麼，「整個宇宙從虛無中產生，一切（包括人心）都是物質的作用，這些物質依照其不變的定律在運作。」如果這樣的世界觀是正確的，請問自由意志的存在基礎是什麼？從科學的世界觀來看，自由意志是不可能存在的。因為沒有任何能夠造出「自由」的物質。那麼，自由意志的世界觀和科學的世界觀也是互相衝突的，我們至少要放棄一個，但無論放棄哪一個，都會對我們的生活方式帶來重大的衝擊。

當我們開始進行這種哲學式的深思之後，我們會發現，許多原本以為理所當然的想法，竟然隱藏著各式各樣的矛盾與衝突。不同的人、朝向不同方向思索、產生不同的觀點，因而孕育了各種不同的哲學理論。

這本書記錄了我對日常生活中四十個問題的思考。這些思考是我認為許多人常會想錯的地方，這有助於尚未深入思考這些問題的人，更容易看到裡面隱藏的陷阱。當然，也有可能是我自己想錯了。如果讀者有此一發現，也歡迎不吝指教。

完稿後的某一天，我到一家便利商店，一時找不到想買的東

西，我問身旁店員，但他也不知道，於是他高聲問收銀機旁的女店員。她的回答（我聽得）很清楚，但身旁的店員卻沒聽到。於是又喊了一聲，她也大聲再回答一次。問題解決後，他卻在旁抱怨：「講這麼小聲做什麼。」我認為，較符合事實的反應應該是：「抱歉，我聽覺比較差一點。」

當我們遭遇衝突時，自然而然會先認為是別人的錯。除非我們深入思考，否則難以跳脫。這種以自我為中心的思考模式是本書提到的許多問題的共同源頭。

「當情人要求分手，是情人的錯，還是自己的錯？」

「當我們看不慣別人的言行舉止、服裝儀容。有問題的是別人？還是自己的觀念？」

由於我們根本不可能完全跳脫這種思考模式，於是，完全不會想錯的思維是根本不可能的。任何人都避免不了某種程度的偏見與盲點。所以，如果我們發現有些著名學者某些地方想錯了，這實在沒什麼好驚訝的。重點在於，愈多的反思、愈強的思考力，就能減少愈多的迷思與避免更多的思考陷阱。

寫這本書，原本不在近期的計畫裡面。畢竟，這不屬於學術研究，也不適用於我的課程教材。在學校任教與學術研究雙重壓力下，照理說是不會有時間寫這類書籍的。所以，當啟動文化總編輯趙啟麟先生跟我談及這個計畫時，我笑笑地跟他說：「很感謝你找我寫書，但真的很抱歉，我暫時沒有多餘的時間做這件事。」後來因為協助鄭福田文教基金會的一項計畫，希望能讓邏

輯思考與破除迷思的教育在臺灣更為普及，加上趙總編輯的再三詢問，這才讓我興起在忙碌中開始動筆的念頭。

寫這本書，深深體會許多作家曾經說過的一句話：「作者才是最大的受益者。」因為，許多觀念在寫的時候才愈來愈明確的浮現，甚至有些想法在寫作過程才發現原來自己想錯了。當然，這些自己想錯的觀念是不會出現在書裡的。

草稿完成後，許多人提供不同的意見。尤其是趙總編輯，他不厭其煩地閱讀原稿，跟我討論不同的想法，而且提供許多有趣的建議。他實在是此書完成的最大推手。非常感謝！

另外，法政哲學專長的甘偵蓉博士針對我比較不熟悉的領域給了一些很有價值的修正建議。其他許多提出讀後感想的朋友也對本書在提升說服力上大有益處。當然，一本書的形成，背後有數不清的助力。過去曾經教過我的師長們、一起討論問題的同學們、共同體驗人生的親朋好友們，都是激發思考的重要源流。沒有這些人的思想匯集，澎湃的思潮是不會形成的。很高興這本書即將問世，也期待讀者可以從中獲益。文中若有錯誤之處，望請見諒。

2012 年 8 月，於屏東老家

目次

三、人生篇

四、心理篇

五、社會篇

一、戀愛篇

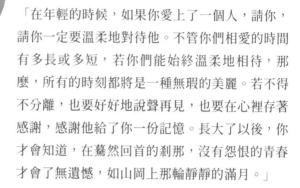

分手是誰的錯？

1-1

「在年輕的時候，如果你愛上了一個人，請你，請你一定要溫柔地對待他。不管你們相愛的時間有多長或多短，若你們能始終溫柔地相待，那麼，所有的時刻都將是一種無瑕的美麗。若不得不分離，也要好好地說聲再見，也要在心裡存著感謝，感謝他給了你一份記憶。長大了以後，你才會知道，在驀然回首的剎那，沒有怨恨的青春才會了無遺憾，如山岡上那輪靜靜的滿月。」

在這首席慕蓉所寫的感人的詩裡，前半段比較容易做到，但要好好說再見的後半段可難了。

問題

小玉遇見更好的對象了，
因此決定跟條件較差的男友分手，這是誰的錯？

哲學思考

「我們分手了！」

一、戀愛篇

18

當這句話被說出來，彷彿一聲響雷落在人群中間，周圍的朋友們感到震驚，不知該如何安慰當事人。不過，這是二十年前人們的反應。現在，最常有的反應大概是，「是喔。」一個簡短的聲音，代表著「我知道了，沒什麼大不了的。」反應變淡的原因並不是分手的痛苦降低了，而是分手事件太頻繁，多到讓人麻木了。

當今社會走入自由戀愛，不依照長輩的安排，自己挑選喜歡的人。但這種戀愛經常不怎麼順利。有時是看走了眼、有時是關係變了、有時則是更適當的人出現了，或甚至產生誤會而導致決裂。

然而，分手事件一旦出現，就會有人譴責對方的錯。究竟分手是誰造成的，是誰的錯？總像個無法解開的死解，永遠得不到答案。

但事實上這沒這麼難，只是人們情緒糾葛把問題變複雜了。只要稍微想想就可以得到一個還不錯的答案。既然是自由戀愛，人人便享有自由選擇權，情人分手的決定只要是來自於個人自由意志，就沒有錯的一方，每個人的選擇都應被尊重。不過，當今社會許多人不是這樣想的。讓我們來分析各種情況看看吧！

當兩人同時都想分手時，這不會有什麼問題，彼此當然會尊重對方的選擇。但是，真實生活中卻經常都是一個想分、一個不

想分，遇到這種情況就會比較麻煩。

被迫分手的人通常會感到痛苦，會以被害者自居，親朋好友也會因為同情，而認為主動提分手的人傷害別人，是錯的一方。所以，被迫分手者常常會忘了在自由戀愛的精神上，應該尊重別人不想再跟自己繼續交往的事實，因而抗拒分手。社會上就出現了所謂分手前談判的慣例，「讓我們把話說清楚吧！」實際上，既然是自由戀愛，想分手的感覺就夠清楚了，根本不需要什麼好理由，當然也沒什麼好談判的，而這種根本說不清的談判就常常演變成一個死亡約會。

既然在自由戀愛的精神上，分手不是任何人的錯，那麼，我們倒是可以問另一個問題：「究竟是誰導致分手的？」這個問題的直接答案當然就是「主張分手的人」（讓我們簡稱此人為 A，而被甩的人為 B）。因為，只要不提分手，就不會有人因被迫分手而感到痛苦了。不是嗎？這個答案事實上太過短視，只要深究一下，就會發現很不一樣的答案。

一個很簡單可以思考的問題是，「A 為什麼要提分手？」這個答案主要可以分成兩大類。

第一大類是「A 實在不願意再跟 B 繼續交往下去了」。如果答案是這個，那麼，真正導致分手的人應該是 B。因為，在交往過程中，B 在這個情侶關係中造成 A 的痛苦，而 B 顯然在交往中比較快活，否則就不會抗拒分手了。B 若不是不關心 A，就是

有很多令 A 討厭的個性或習慣。也就是說,主動想分手的 A 實在是受不了 B 才想提出分手,如果不分手,A 就要繼續忍受痛苦。在這樣的情況下,我會說,真正導致分手的人事實上是 B。

> **推理** 在交往過程中,B 讓 A 很痛苦,導致 A 不願意繼續跟 B 交往。這種情況下,真正導致分手的不是提出分手的 A,而是讓人不想繼續交往的 B。因為在自由戀愛的精神上,A 並沒有義務要繼續忍耐一個討厭的情人。

從這個角度來看,被甩的 B 應該好好想想自己在過去的情侶關係中,為何 A 不願意再經營下去。通常,如果能夠想到這裡,分手的痛苦也會降低很多。當 B 了解是自己的問題導致 A 想分手之後,懺悔之心較能轉換成祝福,希望對方找到幸福。

造成一方想分手時,通常或多或少有一些原因屬於此類,否則很少有人願意放棄一段良好的關係進而轉入一段陌生不明的戀情。除非,新來的實在太令人嚮往了。這是第二大類:移情別戀。

在一個感情世界中出現第三者時,如果原本的兩人關係良好,通常不會導致分手,頂多會導致劈腿的現象,這是捨不得原來的,又放不下新來的,所造成的現象。劈腿通常都會伴隨著隱瞞與欺騙,這會是比較有爭議的地方,但本章不談劈腿,只談分手。

如果關係原本就不是很好，原本就不是很有意願經營下去，當第三者出現時，自然就會嚮往新的關係，形成移情別戀的強烈動機。這種情況類似第一類，如果我們深思爲什麼移情別戀的一方會想放棄原本的關係，那麼，我們自然也會想到被迫分手的 B 滿意交往過程，但卻造成 A 的痛苦。

　　然而，如果第三者條件實在太好，讓主動想分手的 A 願意放棄原本良好的關係，那麼，錯在哪一方呢？這種分手感覺上就不能算是 B 造成的了，所以通常都會覺得是 A 造成的，以致於認爲這是 A 的錯。但眞是如此嗎？

　　要回答這個問題就必須先問另一個問題：「一個人是否有權利追求個人最大的幸福呢？」而且，「當一個人在追求個人幸福的同時，必須讓另一個人產生失戀的痛苦，這樣的行爲是否適當？」當然，毫無疑問的，這是一個自私的行爲。但是，並非所有自私的行爲都一定是錯的。舉例來說，假設我爲了得到老師提供的第一名獎品而努力考到第一名，卻害得其他想得到獎品的同學們都很痛苦，這也很自私，但沒人會說這是我的錯吧！

　　問題在於，這是否屬於我個人追求的自由，以及我們對人要提出多高的道德標準？如果我們認同追求幸福是每個人的權利，那就較不在意在自由追求的過程中被捨棄的情人。如果不要用聖人的標準衡量別人，就不會認爲任何自私的行爲都是錯的。

A 移情別戀而跟 B 分手，這是一種自私行為，但我們應該尊重每個人追求自己幸福的權利。B 應體諒舊情人，並且給予祝福。

如果 B 不願輕易放手，繼續爭取，這也是一個自私的行為，但同樣的，只要方法適當，也應被尊重。A 也應該體諒 B 不願放棄的心。

在這種移情別戀的情況下，導致分手的確實算是 A 的個人決定，責任看似也都在 A 身上，但事實上也很難說，也可能是因為 A 的條件太好，可以吸引到條件更好的人，也才有移情別戀的機會。如果是這樣的話，那 B 應該感恩 A 曾經願意跟（條件比較差的）他交往。但如果要談對錯的話，這會很難判斷，端看我們要用多高的道德標準來衡量他人。

但有另一種狀況比較可能是 A 的錯。例如，A 實際上並不覺得第三者比 B 好，而是一時生氣或其他非理性因素選擇和 B 分手，這種情況下就有可能是 A 的錯了。至少也是一個錯誤的抉擇。

然而，在實際生活中，良好關係下的移情別戀通常不會帶來很大的困擾。因為，具有良好關係的情侶通常是互相關心對方的組合，這樣的組合遇到這類問題時，另一方常常會主動放棄而讓情人擁有選擇第三者的機會。每當這樣的情況又發生時，我們就能再度欣賞到詩篇般令人動容的愛情故事。

小結

　　眞正錯的人，常常就是指責別人、報復別人的一方。卻不清楚這一切問題的源頭，其實就是自己。否則，分手通常沒有對錯。

愛我就要愛我的全部，
不然就不是真愛？

小玉：「達令，你可不可以把菸、酒、賭等壞習慣都戒了？」
小玉：「達令，你可不可以把菸、酒、賭等壞習慣都戒了？」

小王：「不行，愛我就要愛我的全部，不然就不是真的愛我。」

小玉：「那你有愛我的全部嗎？」

小王：「當然！」

小玉：「那我希望你把壞習慣戒了！」

小王：「……」

問題

如果愛一個人但卻討厭他的家人或他的生活習慣，這就不是真愛了嗎？

哲學思考

　　「不是愛我的全部，就不是真的愛我。」這樣的想法常出現在日常生活中，尤其在情侶之間，當某一方對另一方的某些習性或是缺點有所挑剔時，被挑剔的一方就可能會表達這樣的想法。例如，某個男生覺得女友交友太多、太任性、太愛睡覺。或是

某個女生覺得男友太愛抽菸喝酒、不愛乾淨、會遲到、不體貼等等。

「如果愛我，就要接納我的全部，不然就別再說愛我了。」

如果這樣的觀念只是用來打情罵俏、用來給生活增添一些吵嘴的樂趣，或是用來給自己的不完美找一點存活的空間，那麼，這個想法其實也沒有什麼關係。但可別當真了，否則會製造出沒完沒了的風浪。

如果這種「全部的愛」才是真愛的話，那我只能說，或許只有在像是吃了迷幻藥之後的愛情是真愛了。當然，的確有這樣的時期，在那種渾渾噩噩的浪漫裡，愛人的一切都是美的、勾魂的。當人們被濃情主宰，對戀人的任何缺點都會視而不見，完全沉浸在夢幻般的愛意裡。

依據美國知名人類學家費雪（Helen Fisher）在 2004 年出版的《我們為何而愛：談愛情的化學》（*Why We Love: The Nature and Chemistry of Romantic Love*）的研究指出，這種狀態主要由三種腦神經化學物質大量分泌所造成，而這種情況是無法持久的，最多只能持續三個月。

然而，即使不管這種很有爭議性的研究，依據日常經驗，我們也可以發現，任何情緒都會隨著時間逐漸散去。所以，濃烈的愛是不可能長久的。不過，就算真能保持，理智上也不會有人真

的希望如此。因為，身處這種深度戀情，不僅看不見愛人的缺點，也看不見朋友、親人、社會與未來，因此也不會有什麼作為。當愛情矇蔽了一切，從旁人的眼光來看，這跟廢人[1]也沒什麼差別了。

西班牙哲學家賈塞特（José Gasset，1883 ～ 1955）將這種深度戀情稱之為「墜入情網」，並且認為這是一種精神窄化狀態，就像是心理上的狹心症。一個人一旦落入這種狀態就沒救了，當注意力投注在情人身上愈大，對宇宙其他人、事、物就愈不感興趣。當這比例失衡到某種程度時，就再也挽不回了。

除了這種像是吃了迷幻藥般的愛情之外，當理智重新主宰人心，愛人的所有缺點就一一呈現，於是乎，衝突就上演了。

從人性來看，要愛一個人的全部，那是根本不可能的事情。如果我們當真要求對方做到這點，就等於要求別人達成一個不可能的任務。這樣的要求會強烈破壞彼此的關係，而唯一的好處只是能讓對方暫時別再抱怨。

舉例來說，若一個女生挑剔男生不愛乾淨。那麼，男生是否能說：「妳既然愛我，就應該愛我的所有個性，所以，妳應該欣賞我不愛乾淨的灑脫。」我想，「愛」從一開始就不是這樣的，也很難往這方向前進。我們常常都把這個東西太過理想化了。

---

1 「廢人」一說或許是太過了，就算有人在這種深度戀愛的情況下貌似廢人，但也有人會有其他不同的反應，有些人反而會表現出大無畏挑戰未來的精神。所以，這個說詞在這裡請僅將之當作一個戲謔的用法。

| 推理 | 因為——
從日常生活的實際面來看，當一個人愛上另一個人的時候，往往都還處在半陌生狀態，對戀人不太了解。而且不僅不了解，通常還外帶一些自己想像與美化的誤解。
所以—— |

① 我們愛上的，常常都只是一個完美的想像套在一個隱藏許多缺點的人形上。而引發我們這種想像的，通常只是對方的幾個小優點，像是身材、長相、才華、幽默感等等。我們實際上愛的，只是對方的一些小優點以及連帶引發的許多自己的想像，而絕對不是真實對方的全部。

②「愛」從一開始就不是全部。如果所有人一開始就瞭解對方的全部，那麼，我猜大概很少有人會墜入愛河吧。

也就是說，「愛我就要愛我的全部」，這句話不會有人做到過，甚至沒人真正去做過。那些進入迷幻藥一般的愛情狀態，也只不過可以視而不見而已。即使真的想去做，也將會力不從心。我們怎麼可能會愛上別人愛遲到的習性？怎麼可能會愛別人的無知與貪婪？要做到這些，要挑戰的將會是人性天生的心理障礙。

那麼，該如何面對那些讓人討厭的個性與習慣呢？以及該如何期待別人面對我們的各種缺點？當然，既然發現自己有著不太好的缺點，最好是改掉，這是當然的。但在一個人進入完美之前，要改的缺點也未免太多了！而且，對我們這些凡人來說，

少了這些缺點，人生還有什麼樂趣呢？

對任何人來說，任何缺點，只有在自己想要改過的時候，才是適當的改變時機。任何外力的強迫都只會導致反效果。那麼，既然不希望別人強迫，就不要去強迫別人，何況，那也是沒用的。當然，我們仍然可以想辦法「引導」別人想要做改變。

既然我們根本不可能愛別人的全部，別人也不可能愛我們的全部，戀人們該如何面對彼此的缺點呢？其實很簡單，只要不要再用完美的標準看人就行了。自己不是完美的，容許自己許多缺點不想改，那麼，我們用相同的態度面對他人。學習包容別人的缺點，就像包容自己一樣。我想，這才是一個比較正常的愛情關係。雖不怎麼浪漫，但更加真實。

另外有一種情況跟個性與習慣無關，而只是個人的某些不同的喜好。例如，一個女生養了一隻貓，但男生卻不喜歡牠，這怎麼辦？女生說：「愛我就要愛我的全部，我愛我的貓，那麼，你也應該要愛我的貓。」這樣的要求實際上也是不合理的。每一個人之所以會喜歡一件事物，都有著其背後複雜的歷史因素，喜好或許可以培養，但並不容易掌控，我們不可能喜歡所有別人喜歡的事物。如果有人愛養蛇、蜥蜴、老鼠、甚至小強，他的戀人也應該跟著這麼做嗎？

要求別人要有跟自己一樣的喜好，對某些人來說根本就是辦

不到的。甚至僅僅要求戀人不排斥自己的某些喜好也可能會很困難。因為，某些人在過去的經驗中，可能對某些事情產生了難以克服的心理障礙。例如，我有個朋友小時候被野狗咬，於是對狗有著莫名的恐懼。當然，這並非無法克服，但至少必須當事人願意去克服。如果戀人要求一定要跟她的狗在一起，這將會是一件很困擾的事情。如果雙方都無法退一步，那麼，這也沒有什麼對與錯，沒有人有必要為了戀人克服對狗的恐懼，也沒有人有義務為了談戀愛而放棄自己的寵物。這裡沒有道德問題，只有適合或不適合的問題，所以，也沒什麼好吵的。

「真愛」是一個容易讓人在思考中迷失的字眼。人們常利用這個字眼，把一些希望別人為自己做的，而且可能根本做不到的事情，施加道德壓力在別人身上。「真愛」於是乎成了壓榨的工具。而究竟真愛為何？沒有人知道，也沒人說得清，而且，可能從來沒有在人類歷史上出現過。或者，更簡單的說，這種理想性的真愛根本就不存在。那麼，我們面對現實，給真愛換一個新的定義。所謂真愛，其實就只是打從心裡對某人有種特殊的感情，而這樣的感情並不完美，也不會讓人自然而然接納對方的一切，就算會，也是短暫的。

認清事實，可以減少不必要的煩惱與爭執。

小結

　　「眞愛」是個容易混淆的字眼，爲了不要陷入思考困局導致錯誤推理，請盡量減少使用。尤其不要用此作爲對別人不滿的工具。換個詞或許好一點：「眞心」。「眞心相愛」就是眞的對彼此有愛意。要談戀愛，這樣就夠了，其他是與人相處的問題。

一個人可以同時愛上兩個人嗎？

人們大多害怕被劈腿。但是，如果一個人可以同時愛上兩人，那又何必在意被劈腿呢？如果一個人不可能愛上兩人，那又如何真能劈腿呢？而且，如果一個人不可能愛上兩人，劈腿時表示對方已經不再愛自己，或是對方根本不愛第三者，這又有什麼好生氣的？

問題

小玉正和小王熱戀中，但她發現自己愛上了小明，這可能嗎？

哲學思考

　　一個人可以同時愛上兩個人嗎？一般來說，我們可以聽到的答案大都是「不可能」。這個答案暗示著：「自己不會，而且不曾有過。」由於這符合大眾價值觀，所以很容易說出口。但是，萬一覺得自己會，甚至有過這種經歷，這些人通常會保持緘默。因為，說出來可能會被歧視，而且在情場上有扣分作用。若非想藉此炫耀自己的多情面，還是不說的好。甚至假裝一下，明明

就會還硬說不會。然而，不管人們怎麼回答，答案究竟是「會」還是「不會」？

其實，這個問題原本應該很簡單的，但是由於某種語言上的混淆，它變成了一個複雜的問題。我先舉幾個不同的說詞來討論就明白了。

某甲說：「如果真的愛上一個人，是不可能還有空間容得下另一個的。因為，在戀人的眼中，甚至都看不到其他事物了，怎麼可能還能放進另一個戀人呢？這是不可能的事情。」

某乙說：「一個人是有可能同時愛上兩個人的。例如，當某個人正在談戀愛時，過去最喜歡的夢中情人突然出現，或是心中最理想的對象突然現身，那麼，由於舊情未了，新的愛苗已生，這種狀態就會形成同時愛上兩人的結果。」

某丙說：「一個人不僅可以同時愛上兩人，還可以同時愛上十個、甚至一百個，因為，只要是能夠引發愛意的對象出現，就有可能愛上對方，只不過，一個人很難有這麼多機會和時間談戀愛就是了。」

除了上述三種看法，可能的說詞還有很多，我們先僅從這三個看法來談。首先，他們之間會有的爭論是很容易想像的。例如，某甲可能會跟某乙、某丙說，「你們說的那個東西不是真正的愛情，而真正的愛情是不可能同時發生在兩個對象上的。」

然而，這個說詞會把問題弄得更複雜，什麼又是真正的愛情呢？通常這樣繼續討論下去，問題就會愈來愈亂而到達難以釐清的地步。讓我們先回到最初的問題來分析，當我們問一個人是否可以同時愛上兩人時，我們究竟在問什麼？

其實，這個問題本身就已經帶有嚴重的歧義性。在日常生活中，「愛情」這個詞並非僅僅指涉到某一種情感，而是包含了很多種不同的情感。例如，在路上看到一個心儀的對象，可能突然產生一股愛意，回家後還想著未來能否再碰面，這時可以使用「愛情」一詞。

當兩個人開始交往，進入濃烈的愛情狀態時，茶不思飯不想，一心一意想著對方，只要兩人相依相偎，天塌下來都可以不理會，這也是愛情。

人們也還可以有淡淡的愛、平靜的愛、互敬的愛、靈肉合一的愛、長期相處後像家人般的愛、以及其他許多種類。不同類型愛情的產生與變化都不盡相同，不能一概而論。所以，當我們要問一個人是否可以同時愛上兩人時，首先要釐清的問題是，「我們要問的，到底是哪一種愛情？」如果想要問的是所謂的「真愛」，那麼，也一樣要先釐清，真愛是什麼？

因為「愛情」這個詞具有歧義性，所以某甲、某乙、和某丙所說的都是正確的。只不過他們談的「愛情」並不相同。

某甲談的是有排他性的愛情，是屬於那種能夠把一個人大部分的心思都填滿的情緒，這種狀態的確不太可能同時有兩個對象。所以，一個人不可能同時愛上兩個人。

某乙也是對的，因為不管是哪一種情緒，都會隨著時間變淡，愛情也不例外，當某甲所說的那種愛情開始變淡之後，就可能會有新的戀愛對象出現。如果變淡的和新開始的都算是愛情的話，那麼，一個人當然有可能同時愛上兩人。

某丙則把任何一點愛意情緒都算是愛情，那麼，一個人當然可以同時愛上很多人。

然而，在這個爭議中，某甲可能會說，只有他說的那種愛情是真愛，其他都不算。所以，以真愛來說，一個人是不可能同時愛上兩人的。

這個說法就把戰場轉移到另一個名詞身上——「真愛」。那麼，為什麼只有那種狀態可以稱之為真愛呢？以一般語言用法來說，如果把「真」這個字當作一個形容詞，「真愛」的意思就是「真實的愛情」。意思就應該是，「那個關於愛的感覺是真實的」。如果這樣解讀，只要心中真有愛的情緒，沒有自欺欺人，就是真愛了，不是嗎？

當然，「真愛」一詞也可以不要這樣用。我們可以把它當作

是一個專有名詞。也就是說，可以指稱特定某一種愛情叫做「眞愛」。但問題在於，這個專有名詞目前並沒有共識，社會上並沒有公認哪一種愛情屬於「眞愛」，這個詞彙在社會上正被任意使用在不同的意義裡。如果只是文學上的使用，目的只在於抒發情感，那麼，這種語言隨意使用的情況或許是無所謂的。但是，如果想要做某些主張，或是想要溝通想法，在使用這個詞彙時，必須將它說清楚，以避免誤解。例如，某甲可以說，「眞愛就是那種強烈，而且幾乎完全占據一個人內心的那種愛情狀態，這種愛情是不可能同時有兩個對象的。」在這種明確定義的表達上，某乙或是某丙大概也不會想去反駁他了。

許多問題本身很簡單，但語言的輕率使用可能把一個問題變得很複雜，當我們把語言所造成的問題清除後，就能讓問題本身的單純性自然呈現了。

小結

「愛」是一種心理狀態，這種心理狀態是多變的，有很多種不同的型態。當我們討論它時，雖然使用同一個字，但心裡想的卻常常是不同的型態。這樣的討論與推理容易形成「歧義的謬誤」。

對待愛情應該要忠誠嗎？

「昨天在街上和你手牽手逛街的人是誰？你怎麼可以背叛我？」

「我跟你交往的時候有說不會跟其他人交往嗎？」

「你這個大騙子！」

問題

當小王和小玉熱戀中，
小王可以和小花單獨吃飯而不告訴小玉嗎？

哲學思考

　　當情侶的一方發現另一方有了新戀情，除了難過之外，還常會感到憤怒。憤怒對方的背叛、絕情、不道德！好像犯了滔天大罪一般，因此想要報復，並訴諸行動。最後，在兩人都受害的結局中落幕。報紙社會版上又多了一條讓大家茶餘飯後談天說笑的新話題。

　　這整個從失戀、憤怒到報復的思緒源頭，就在於愛情忠誠度的觀念。這個觀念讓我們有理由唾棄移情別戀的一方，而由於對

方的不道德導致自己的痛苦，因此產生憤怒的情緒，加上忌妒心作祟，便升起報復的念頭。然而，如果我們不認為愛情中應有忠誠度，一般來說，除了那種會隨便遷怒的人以外，失戀時就只會難過而無從憤怒，更別說其他想法以至於報復了。就像多數學生成績不及格被退學時，雖然很難過，但不會對造成他痛苦的老師感到憤怒。

思路 失戀的痛苦＋愛情忠誠觀→產生憤怒
憤怒＋忌妒心→產生報復心理

　　那麼，我們來思考這個問題，「對待愛情，應該要忠誠嗎？」看到這個問題，大概很少有人會反對吧。但是，仔細想一想，裡面可大有問題。

　　首先問另一個問題：「對待婚姻，是否應該忠誠呢？」我想答案應該是正面的。「婚姻」是一個人決定要跟另一個人廝守一輩子的誓約。沒有了忠誠，就等於違背了誓約。但問題是，該如何忠誠？如果忠誠的要求是必須不會愛上別人，那這種忠誠是人類根本辦不到的。要求別人去做一件根本做不到的事情是沒有意義的，所以，忠誠的意義應該要改變一下。較為合理的意義應該是：「盡可能讓自己不要去愛上別人，萬一發現自己愛上了別人，也要趕快去除這種情緒，如果難以去除這種情緒，就避免與此人有任何互動，假如無法避免互動，至少不要有任何戀愛行為發

一、戀愛篇

生。」我想，如果能做到這點，就可以認同這人對其婚姻或對其配偶是忠誠的了。

　　那對尚未婚嫁的戀人又如何呢？事實上，我們常常會混淆婚姻與戀愛。把對夫妻間的約束套用在戀人身上，所以也認為戀人間必須忠誠。即使我們不再要求對方不可以在心中愛上別人，至少也會要求別人不可以有任何和其他人的戀愛舉動，甚至想跟別人談戀愛的動機。當對方因為愛上別人而提出分手時，也會視為不忠的表現，而認為這是難以接受的不道德行為。

　　但是，從一個現實面來看，沒有人會真的認為自己現在的戀人是完美的。而想要結婚的人都期待有一個更完美的伴侶。因此，這些人在談戀愛的過程中，或多或少都會期待更好的對象出現，但是，在這樣的情況下，卻希望對方對自己忠誠，這不是很不公平嗎？

　　雖然對現代自由戀愛的社會來說，情侶常常會走向婚姻，但夫妻和情侶還是屬於不同的狀態，至少情侶間缺乏像是婚姻那種正式而且公開的誓約，兩者應該脫鉤來看。

　　那麼，我們可以重新思考這個問題，「情侶之間是否也應該忠誠呢？」其實，這個問題屬於文化價值觀的問題，這種問題通常沒有絕對的對錯，只要有共識即可。而且，就算我們把婚姻的忠誠度除去，結婚時也不用再做什麼海誓山盟，不喜歡就離婚，

只要大家都有共識，而且大家都認爲這樣比較好，那也沒有什麼關係。所以，現在要思考的，並不是目前大家怎麼想，而是對整體社會來說，怎樣的標準會是一個比較可行、更符合人性，且更能形成融洽社會的標準。

目前的標準如前面所說的，大家都認爲情侶之間需要對對方忠誠，但是自己卻繼續尋找獵物。如果找到更好的，就很無奈的放棄忠誠觀，而放棄的這一方感到抱歉、另一方則很生氣，然後談判分手，運氣好的就相安無事，運氣不好的就流血流淚。如果另一方運氣比較好，先遇到更適合的對象，那角色就會對調。這種遊戲規則顯然有點荒謬。

思路 不公平的忠誠法則：對方無論如何都要忠誠，但如果自己遇到更好的對象就可以不忠誠。

讓我們試著思考一下，情侶之間放棄這種忠誠觀會如何？假如大家都有共識，「當你的對象在跟你結婚之前，無須有任何忠誠度，彼此都擁有權利可以去尋找自己最適合的對象，直到結婚爲止。」那麼，這樣的情況會不會比較好呢？

這裡或許會想到劈腿的問題。但是，如果在這同時，彼此認同對方的劈腿行爲，那又有什麼不對呢？劈腿比較被爭議的應該是在於欺騙的部分，如果沒有了欺騙，一個人同時跟多人交往，在許多人中選擇一個最適合結婚的對象，競爭者如果認同這個處

境而且想要繼續爭取，那麼，這好像也看不出有什麼問題。

「情侶間不要談忠誠度。」這看來是一個比較公平又可行的方案。主要會有的問題應該是忌妒感的問題，以及害怕失去情人的恐懼。但如果整體社會價值觀形成這樣的共識，人們從小就接受這種想法，就會被訓練出較強的容忍度，那麼，這樣的遊戲規則會好很多。當然，這只是猜想。如果難以克服這些人性障礙，這個方案要在社會上成為普遍的價值觀也是很困難的。那麼。我們可以思考另一個方案，把夫妻間的忠誠觀套用在情侶身上，看看這樣是不是更好？

也就是說，從成為情侶開始，就彷彿是結了婚一般，必須對對方忠誠，「即使看到更好的對象，也不可以三心二意。」這是目前我們希望情侶做的事，但公平一點，雙方一起做，不要只要求對方而不要求自己。這或許可以避免被橫刀奪愛的忌妒和恐懼感，但是，這真的有比較好嗎？

我想，這看來雖然缺乏彈性，但似乎也沒什麼大問題，但麻煩的是根本就無法在當今社會實施。在古代，人與人之間的距離較遠，沒有網路交友、沒有手機、沒有線上遊戲，社交活動也相對較少。在這種情況下，這個方案或許可行。但在現代社會，我想，大多數人也不願意這樣約束自己吧！既然如此，又何必用這套自己不願意遵守的價值觀去約束別人呢？

當然，目前愈來愈多人不願意走上婚姻的路，那就愈來愈不

會套用婚姻的價值觀在情侶身上，這導致情侶間的關係愈來愈有彈性。不要認爲這和自己無關，因爲我們目前就身處在這場變化的潮流中。就算你不想改變，但對方可能也會改變。

小結

　　如果未來情侶間開始不互相約束，每個人保持著個人交友的隱私，不過問別人的私生活，有充分自由選擇是否繼續交往，直到分手或是決定廝守終身。這樣的未來是否會更好呢？不管是否更好，社會仍舊朝著這個方向前進，我們只能盡快接受它，以減少時代轉變的衝擊。

我這樣對他，他怎麼可以這樣對我？

古人說：「希望別人怎麼對待自己，我們就應該
先怎麼對待別人。」所以，當我們善待別人之後，
我們就開始期待別人也善待我們。但如果對方不
這麼做呢？

問題

小王放假就會去找小玉，
但小玉放假會去找朋友逛街，小王可以譴責小玉嗎？

哲學思考

　　一次又一次，傷害情侶的事件上了新聞媒體，嫌犯一副毫不
在意的樣子，警方押解途中，新聞記者追問，「你為什麼要傷害
她？」嫌犯喃喃自語：「因為她該死！」

　　近年來，情侶間因為一方決定離開另一方，或甚至只是因為
懷疑對方另結新歡而疏遠自己，由此不滿情緒引發的「懲罰性」
攻擊行為愈來愈多。其中的原因除了上一篇談到的愛情忠誠觀
之外，現代社會壓力較大、父母較寵子女、以及情緒管理出了

問題也都是問題所在。另外還有一點很重要的，是「道德法則」被誤用的後果。因為，道德在理想上是設立來給每個人自我約束用的，但人們（無論是否自我約束）卻用來譴責他人。因此，當道德觀念愈是普及，就愈可能會發生爭端，以及隨之而來的懲罰性攻擊行為。尤其道德法則被誤用之後，會讓人有更強的理由攻擊被自己宣判錯誤的一方。

　　自古傳下兩則做人做事的基本原則。第一，「希望別人怎麼對待我們，我們就怎麼去對待別人。」第二，「不希望別人怎樣對待我們，我們就不要那樣對待別人。」用文言文來表達，第二句話最常見，就是孔子所說的，「己所不欲，勿施於人。」而第一句話也就是「己之所欲，施之於人。」這兩個法則合稱處事的「金銀律」。

　　這是原則，不是定律。在人性多變的環境裡，沒有任何法則是可以應用在所有情況的。死守任何處事法則都一定會在某些情況下破壞人際關係、得罪人、甚至犯下大錯。人際關係的運轉需要有一種時時變通的智慧來掌舵，才得以安全避開危險礁石的摩擦與碰撞。

　　只要稍微想想就可以發現，「自己喜歡的其實未必是別人喜歡的；而自己不喜歡的也未必是別人不喜歡的。」就像把自己不喜歡吃的零食送給喜歡的人，雖是「己所不欲，施之於人」，

但一點問題也沒有。

　　就連金銀律都會有例外，更何況是其他道德法則了。但是，作為基本處事原則，金銀律大體上是可以遵行的。人性本質上類似，我們喜歡的、和不喜歡的，雖不必然和他人完全相同，但有很高的類似性。尤其剛認識新朋友時，不了解一個人，就先用自己作為了解別人的模子，只要不要妄下定論、小心觀察、而且不考慮個人特殊嗜好，通常就不會有什麼大問題。

思路 雖然所有的道德規範在原本設定的時候都是用意良善的，但是，實施之後就容易變調。變調的主因在於，「我們不僅自我要求，也要求別人。」

　　原本道德規範主要是讓每個人自我要求，「只要大家都遵守，社會必然更美好。」這是理想狀態。但若有人不遵守，就出問題了。人們通常不甘心只有自己在做而別人不做，覺得這樣很吃虧。所以，扮演起道德督察，開始搜尋與譴責那些道德罪犯。

　　舉例來說，鼓吹禮貌教育，在提升整體社會禮節的同時，也提升人們對他人禮貌的要求。近年來，中國大陸民眾來臺旅遊，印象最深刻的其中一點是「臺灣人很有禮貌」。因此覺得在臺灣生活真愉快。但是，有趣的是，臺灣人自己卻很少有人有這樣的感覺，反而常常發現別人很沒禮貌而感到憤怒。兩者的主要差別就在於是否會去要求別人。不要求別人的，在這樣的環境中感

到幸福，萬一遇到沒禮貌的也不在意。但要求別人的，認爲別人的好禮貌很正常而容易忽視，但卻把注意力放在那些沒禮貌的行爲而感到厭惡。然而，禮貌教育主要在於告訴我們該怎麼做，並沒有要我們去管別人。干涉他人、譴責他人並不是一種禮貌。

在情侶方面，金銀律的誤用也造成了許多不當的觀點：

「我對他這麼好，他也應該這樣對我。」

「我都沒有和其他異性來往，她也不應該再繼續交異性朋友。」

「我每天都打電話給她，但她卻很少打電話給我。」

諸如此類想法，來自於變調的金銀律（我怎麼對別人好，別人也應該怎麼對我）。一個自我要求的規範，變成要求別人的工具。而當別人沒有做到時，就會出現另一種更危險的想法：

「妳既然對我無情，就別怪我對妳不義。」

這種更加變調的金銀律（別人怎麼對我不好，我也可以這樣對他）看起來雖然和本尊很像，但本質上卻差十萬八千里。許多人將這類變調的金銀律當作正義的處世法則，以致產生許多「無怨無悔」的犯罪行爲。這些人不見得是冷血，而是在觀念上，他

們根本就認為這是正當的舉動，只不過外人不了解狀況而已。

　　當我們對別人好的時候，首先想想看，你也希望別人這樣對你嗎？有的時候，我們自以為是對的，卻只不過是錯誤的人性觀造成的，而這些行為卻會帶給他人困擾。舉例來說，我們都以為給別人過生日時，大聲唱著生日快樂歌，會帶給壽星莫大的喜悅。但其實未必。我曾經在一個課堂上詢問學生，「在過生日時，當別人高唱生日快樂歌，有誰感到很開心？」沒人！真的沒人舉手！有些人不太排斥，但多數人感到不安與尷尬，只希望趕快結束那段令人不安的時刻。但很奇怪，我們都以為別人很開心。我想，大概是因為大家都會在那種情況下裝出很開心、很感激的樣子吧！

　　當我們自以為對情人付出的時候，對方真的很高興嗎？如果不是，他自然也不會用一樣的方式來對你。就算對方喜歡，也不表示他「應該」用一樣的方式來對你。每個人有各自不同的個性、喜好、生活環境與條件、以及處事方式，這些都讓每一個人處在一個不同的處世局面。

　　當某人為了情侶而不跟其他異性來往的時候，他期待情侶也做一樣的事情。但是，現實上來說，這個人可能根本就沒什麼異性朋友，甚至毫無異性緣，做到這點自然很容易。但對方可能不是這樣。

有人不希望情人另結新歡，所以就用各種方法來防範，然後說，「我不去拈花惹草，你也不應該這麼做。」這些都不是眞的金銀律，而是被誤用、錯用的金銀律。眞正的金銀律是當我們不希望某些事情發生在自己身上時，就不要對別人做。但反過來並沒有要我們去禁止別人做這些事。當別人對我們做了不喜歡的事情時，依據古聖先賢，我們只能原諒，或是最多「不理他」（也就是孔子所說的「以直報怨」）。

　　事實上，多數人難以做到聖人之言。如果做不到，就乾脆別去想金銀律了。一個社會中，如果大家用金銀律「互相」約束，產生的後果很可能會比大家都不去想金銀律還更可怕。

小結

　　如果你想和情侶實施互相約束的金銀律，那就先跟對方說好。「當我這樣對妳，妳是否願意也用相同的方式對我？」如果對方同意，那就彼此約束吧！如果對方不同意，那就乾脆別做了，以免覺得吃虧還去找對方麻煩。

罵最後兩句的，一定是女人嗎？

男：「好了！別再吵了。」

女：「每次都這樣，反正都是我的錯就是了。」

男：「都說別再吵了，還說什麼？如果妳沒把西瓜切兩半我怎麼會把它吃光光。」

女：「你不是說不吵了嗎？怎麼還繼續說？」

女人寧願讓吵架繼續下去也一定要做吵架的終結者嗎？

哲學思考

傳說中，「男女只要一吵架，做最後總結的一定是女人。如果男人不甘心還要再多說兩句，那麼，另一場架就開始了。」這似乎是說，女人是最不服輸的，或者，女人是最不願意在口舌之戰落下風的。

我不清楚有沒有人真的做過這樣的研究，說不定事實真相並非如此，但日常生活中，女人的確讓人有這樣的刻板印象。一言不和，男人動手，女人動口。或許因為女人在體能上較弱，在

表達不滿時，較難用武力發洩情緒，而嘗試在口頭上占點便宜。也或許，根據男女在情緒表達與發洩的研究，由於女人大腦的語言區比男人更關聯於情緒地帶，所以，女人藉由談話抒發情緒的效果較好，這也解釋了爲什麼女人每天想要講的話會比男人多很多。

　　然而，這些都只是理論與猜測，事實究竟如何仍不得而知。但是，就算女人眞的比較喜歡扮演吵架的總結角色，也還有其他需要考量的因素。

　　當男女朋友或是夫妻吵架的時候，男方有時會覺得爲什麼當提議「不要再說」的時候，女方往往會再說個一兩句才甘心。爲了不甘示弱，男人就再多說幾句，但不要想這樣就可以停止爭吵，新的戰爭可能就觸發了。這時男人就會更生氣，覺得明明可以停止的卻又導致更糟的局面，因而將罪過推到女方身上。

　　然而，在這整個爭吵過程中，卻有一個我們容易忽略的隱藏涵義在其中作用：「主從關係」的宣告。當男生說：「別再說了！」這時，這個說話口氣占了很重要的一個訊息傳遞的任務。它宣示一個主從關係，說話者是「主」而聽話者是「從」。口氣愈差或愈是以命令句的口吻說話，就更強調這樣的宣告。如果這時女方眞的就不再說話，她一定會很不甘心，無形中落了下風。因爲，接受不再說話就等於默認自己是「從」的地位。

即使在日常生活中，該女生總是在「從」的位置。或甚至很甘願的在這樣的位置處事，但在吵架時總不會這麼甘心。這是為什麼女生在這個情況下，總會再多說兩句，因為只要再多說兩句，就等於宣告自己不是「從」的位置了。

然而，多說兩句對男生有何大不了的呢？既然希望不要再吵下去，那就忍耐那兩句有何關係？不！這關係可大了，重點在於自己宣告的「主從關係」破滅了。我想這才真正是使得男生在女生多說那兩句話後，反而會更加憤怒的原因。但事實上，男生自己通常也搞不清楚問題是在這裡。

思路 我們自然而然會給自己的憤怒尋找一個理由，當男方看不見這個主從關係的變化時，自然誤以為女方的那些言詞更嚴重的激怒了他，才會導致更糟的局面，所以會將罪過怪到女方身上。

然而，我猜想，如果當男方宣告停戰時，是以問句來說，女方的反應可能會有很大的不同。例如：「我們現在暫時不要再談這件事情好不好？」如果這個問句能讓人感覺到真的是在詢問對方的許可，而不是以問句型態出現的另一種命令句，那麼，就不會有主從關係隱藏在裡面。在這種情形下，我認為女方就比較可能接受這個提議，而不會再多罵兩句。但是，當人在憤怒的時候，通常不願意用這種方式宣告停戰。

當然，有的時候，問題並不只是在這種隱藏涵義裡面，爭吵

的問題本身的重要性、急迫性，以及過去爭吵的結果等等，也都扮演著是否願意停止爭吵的因素。上面所提只是其中一個較容易被忽略的因素而已。

這種因隱藏涵義而誤解的型態類似一種談話中的隱藏價值觀，都是在語言與行為裡面隱含的某些東西在作用，如果我們看不清這樣的東西，而且又輕率的尋找其他因果上的解釋，誤解就會愈來愈嚴重。

然而，雖然上面是以男方主張不要再討論而女方繼續說為例子，並不表示男女吵架一定是如此。試想如果男方想主張停戰，正要開口時，女方卻以不太好的口吻說出：「停！別再吵了！」這時男生的反應會怎樣呢？我想情況會很類似，男生很可能也會和女生一樣要再多說幾句才願意罷手。問題也是不願在這種主從關係的宣告中吃虧。

所以，兩人吵架時，誰是終結者，其實與性別無關，而「主從關係」的心理作用才是關鍵。

小結

類似這種讓人不太能發現的心理作用，在日常生活中非常的多，當我們看不清它們，但仍舊輕率尋找一個錯誤的因果解讀，這導致我們常常被奇怪的觀念、想法所左右而不自知。如果因此

而產生更多的不愉快與誤解，那真是太不值得了。所以，更深入、精確地認識自己的真實想法，對生活的改善將會有著很大的功用。

男女相處出問題是因為個性不合嗎？

柏拉圖說：「每個人在出生之前，都居住在一個完美世界。在那個地方，人們是男女同體的。到了人世間，卻分裂為二。由於自己的不完全而感到孤單與缺憾，因此，我們渴望愛情，尋找異性，希望找回自己的另一半，重歸圓滿。」

真要找尋完美的另一半嗎？萬一柏拉圖錯了呢？

問題

個性合的人相處不會有問題，所以，相處有問題的人就是個性不合。是這樣嗎？

哲學思考

　　古希臘哲學家柏拉圖認為愛情起源於我們渴望尋找自己失去的那一半。姑且不論他為什麼這麼想，以及這究竟是對是錯。讓我們先順著這個思路走下去。

一、戀愛篇

「由於人們大都沒找到真正屬於自己的另一半，所以，男女之間常有摩擦，甚至產生劇烈衝突。但是，只要有人能幸運找到，那麼，兩人將會非常契合的相愛一生一世。所以，每個人都有屬於自己的真命天子（女），就在世界的某個角落，等待與您相見。」

即使沒有讀過柏拉圖，許多人也抱持著類似的浪漫觀點，認為世界上存在有和自己完全契合的人，並且尋找與等待這個人的出現。但似乎都是失敗的。即使在交往的初期以為找對了人，最後卻往往發現個性不合。原來，又是一場美麗的錯誤。

我不清楚柏拉圖的觀點是不是對的，也不清楚歷史上是不是真有人找到過這種完全契合的另一半。但至少，抱持這種觀點談戀愛很危險，主要在於人們很容易把兩人之間的相處問題，輕率歸因於這種非常籠統的「個性不合」。誤以為一切問題只在於沒有遇對人。這個想法會讓人錯失機會發現真正問題關鍵。

推理

A：「我們個性不合，所以分手了。」

B：「那就努力尋找一個個性合得來的吧！」

這個對話中的兩者都預設：不用反省自己在與人相處方面是否有需要改變的地方，反而將兩人相處的各種問題，籠統地訴諸於「個性不合」的因素。

男女之間之所以問題叢生，一個很重要的因素在於難以互相了解。因此，誤解幾乎成了男女之間最大的問題來源。如果把問題完全歸咎於個性不合，便難以在衝突中尋求成長，失去解決問題的機會。萬一柏拉圖是錯的，那麼，我們將永遠無法找到能好好相處的異性了。

　　美國兩性專家葛瑞（John Gray）博士曾經寫過一本書《男人來自火星，女人來自金星：男女大不同》（2016 年中譯本，原文書名：*Men Are From Mars, Women Are From Venus*），他認為女人是金星人，而男人則來自火星。這當然只是一個比喻，意思是說，男人與女人根本上就像是來自兩個不同星球的人，想法和觀念完全不同。即使使用相同的語言，但實際上仍舊傳達著不同的意思。在這種情況下，還能不誤解嗎？

　　舉例來說，許多男人都聽過，也自以為瞭解，女人很需要安全感。但是，什麼是安全感？女人很清楚知道什麼是安全感，也很清楚知道怎樣的交往模式能產生安全感，就像我們都很清楚知道什麼是快樂和煩惱一樣。但基本上多數男人不清楚那究竟是什麼東西。只懂得冷冰冰的知識是沒有用的，無法在日常生活中即時體會與行動。所以，當女人需要安全感的時候，旁邊的男人即使很清楚知道「女人需要安全感」這個道理，但未必能在當下知道自己該說些什麼，以及做些什麼？但從女人的角度來看，「這個男人明明知道我需要安全感，但在這種時候卻不願意做出這個

很簡單就能讓我安心的舉動，這表示他並不關心我。」會產生這樣的錯誤推理很正常，因為女人常會忘記其實男人的內心世界和她們不太一樣。這件事情對男人來說，一點也不簡單。

女：「我很需要安全感。」

男：「我知道啊，所以我才不牽妳的手，因為我的手有很多細菌，這會讓妳有生病的危險。」

女：「……」

反過來說，男人常常很重視個人尊嚴。而一般來說，女人重視的程度較低。所以，男人常常比較不喜歡服務業，就算勉強去做，通常不易做得好。但實際上，無論男女都喜歡被尊重，只不過在程度與種類上或許有差異。當兩人同在一個群體中，女人或許會說出什麼話、或開什麼玩笑，讓男人感到很沒尊嚴，但那種玩笑對女人來說可能完全沒關係。這個差異導致男人認為，「妳明明也很重視個人尊嚴，但卻這樣對我，這表示妳真的很輕視我。」這樣的推理也是錯的，錯在男人把個人的尊嚴感套用在女人身上，忘了女人其實和男人也不太一樣。

男：「妳昨天怎麼在大家面前說我被上司罵？這樣很丟臉耶！」（男生不喜歡被人知道自己被上司批評）

女：「那有什麼關係，這很正常啊！真小氣。」（女生比較不覺得被上司罵是什麼沒面子的事情。）

即使經由理性的討論都難以發現這類誤解，更別說是帶有情緒化的溝通或吵架了。一旦吵起來，雙方都會覺得對方不可理喻。既然如此，要不是分手，就只好忍耐這個「個性不合」的對象了。但這兩個選項都不好。

「個性不合」的迷思讓人失去尋找真正問題關鍵的契機。那麼，究竟什麼是個性不合？是否真有人是個性不合的？當然，個性不合的確也是男女間的問題之一，只不過我們常常把其他問題混淆成個性不合而已。而由於個性不合的問題幾乎是無解的問題，所以，當我們把有解的問題混淆成無解的問題時，便失去解決問題的契機了。

一個個性急躁的人和一個做事總愛拖拖拉拉的人是個性不合的。若不願意接納對方的不同個性，就至少要有一方願意改變。否則，兩邊的做事方式總會不對盤，此題無解。

一個有潔癖的人和一個對環境髒亂很遲鈍的人相處也是一樣，除非一方願意改變或是願意包容，否則一樣無解。如果雙方都無法容忍對方的這類個性，分手或許是個比較好的選擇。

然而，如果一個很希望被人關心，而另一個總是不關心別

人。這也能叫個性不合嗎？「關心別人」雖然也是一種個人特質，但和前面談的這些無所謂好壞的個性是不同的。在人際關係中，「關心」是一種非常重要的心靈品質，甚至可以算是一種與人相處的內在能力。大概沒有人可以跟不關心別人者好好相處。

　　兩個都急性子的、潔癖的、慢半拍的，都可以好好相處，而兩個對環境整潔遲鈍的人，也可以共同生活在雜亂的家裡。但是，兩個都不關心別人的人是無法共同相處的。因為，人們都希望被關心，或許我們不喜歡某些人的關心方式，但是，那份心意卻是大家都期許的。所以，在這種情況下，這不再只是個性不合的問題了，不關心人的一方必須要改變，否則不可能有好的相處模式。如果連這種情況都誤以為是個性不合所造成的衝突，這會失去發現問題關鍵的契機。那麼，這位不關心別人者大概永遠等不到屬於自己的「那一半」了。

小結

　　當男女相處出問題時，不要這麼快以為只是那種無關好壞的個性不合。想想看，有沒有什麼是關於人際關係相處能力的問題，以及雙方認知中存在的誤解。這些容易被忽略的因素，反而經常是男女之間最主要的問題所在。

戀愛有秘訣嗎？

做一切事情，只要掌握秘訣，就可以無往不利。
所以，如果想談戀愛，就去尋找一本戀愛秘笈，
無論是東、西方占星術、塔羅牌、或是易經占
卜，夢中情人必然很快上鉤。真是如此嗎？

問題

「今天朝北，戀愛大吉，可以遇見夢中情人。」
眞有這種事嗎？

哲學思考

東邪、西毒、南帝、北丐、中神通，爲了搶奪一部武學至高
秘笈《九陰眞經》，相約華山論劍。打出了響亮的金庸武俠故事。
不論做任何事，只要有了秘笈，便可以用很少的努力，獲得最大
的成果。然而，眞有這種東西嗎？

大多數事情都有訣竅，只要掌握訣竅，就可以事半功倍，這
應該是沒有問題的。但是，這些訣竅通常不是「秘」訣。因爲，
在這個知識傳輸便利的時代，幾乎所有人都具有日常生活中該有
的知識。發生問題的源頭常常不是少了什麼知識，而是把某些知

一、戀愛篇

識理解錯了、用錯了，或根本上有著錯誤的知識。

以念書來說，念書的訣竅就是要專心。這不算是「秘」訣，因為人人都知道，至少都聽說過，但是，究竟要怎樣才是專心？以及如何才能專心？這倒是個困難的問題。知道訣竅不難，做到可能很難。

以健康來說，多數人都忽略的一個健康訣竅，是每天都要有充足的飲水。這是大家都知道的，但是，很少人會認真去做。或者，有些人自動把「飲水」理解成「喝飲料」，所以，沒事就把一大堆可樂、奶茶倒進嘴裡，或是好一點的就喝大量果汁，這些都是誤解。「水」指的不是飲料，而是白開水。並不是說其他飲料不好，而是說，白開水具有其特別的健康價值。

那麼，戀愛也有訣竅嗎？當然有，最重要的訣竅像是要好好對待別人、關心別人、不要給對方壓力、而且盡量減少衝突等等。但這些都是大家知道的，問題並不在於知識的缺乏，而在於不願去做，或是根本做不到。

然而，有些科學新發現的確提供一些較少人知道的訣竅。這些資訊可以在各種科普刊物中發現。以戀愛秘訣來說，近年來有一些關於愛情的研究倒是很值得參考。舉例來說，心理學家發現，在較為刺激、危險、以及陌生的地方容易引發愛情。所以，對於尚未開始交往的人來說，如果不知要去哪裡約會或是聯誼，可以安排具有冒險風格的旅遊，像是去坐摩天輪或是看恐怖電

影，而不是浪漫的法國餐廳。一群人出國前往異地旅遊聯誼，也常常會成雙成對回來。但這些也都只是在統計上較易成功的因素，而且仍有許多爭議，無法保證一定會有好的結果。

戀愛（可能算是）秘訣

吊橋效應：相約前往冒險刺激的旅程。
最著名的實驗是心理學家 Dutton 與 Aron 在 1974 年的實驗。讓一位美麗女助理分別在水泥橋上和搖晃（感覺危險）的吊橋上做問卷並留下聯絡電話（若想知道研究結果可以打電話來），結果在吊橋上做問卷的回電比例較高。而且大多是「另有目的」。

許多人期待做任何事都有個秘訣，用極少的努力達成極大的成果。像是股票秘笈、健康寶典、讀英文訣竅、不用運動的減肥法、或是戀愛秘技等等。然而，除了科學偶爾產生的新知識之外，市面上所提出的各種特別的方法說穿了也都只是常識的不同包裝而已，該知道的知識，現代人大多都有。而各種秘訣偏方或許在某種情況下真能達成較好的效果，有時的確也很有用處。就像某種特別的背英文單字方法，或許有助於短期大量記憶某些英文單字的中文翻譯，這對考試應該很有幫助，但對整個英文能力的提升可能一點用處也沒有。因為這種中英單字一對一的記憶無法真正掌握外文字彙的意義。翻開文章，就算給你一本字典，每個英文字都知道相對的中文含意，但擺在一起就是不知道文章在說些什麼。這樣的能力有什麼用呢？

爲了迎合衆人的期許，各式各樣的秘技被端上市場，伴隨著誇大的廣告與刻意的誤導，誘惑那些期待不勞而獲與一勞永逸的心理，但最後卻發現，這又是一場花錢買經驗令人失望的騙局。

　　受騙的因素來自於衆人常常有一些錯誤的推理。因爲「很多好東西很難獲得」，所以推理出，「容易獲得的就不會是什麼好東西」，或是「很難獲得的就一定是好東西」。藉由這些錯誤思考，人們難以相信隨手可得的白開水就是對健康最有益的萬靈丹。相反的，容易相信極其昂貴的不明藥材可以是救命仙丹；而愈是昂貴的算命就愈準。

推理

① 從「很多好東西很難獲得」推理出「容易獲得的就不是什麼好東西」。這個想法可能來自於「以偏概全的謬誤」。因爲還是有些好東西是很容易獲得的，像是空氣和水。

② 就算「所有好東西都很難獲得」，那也不表示「很難獲得的就一定是好東西」。這種錯誤推理則稱之爲「形式謬誤」。從 P → Q 推出 Q → P 屬於無效推理。

以「好東西很難獲得」爲例：
令 P =「X 是好東西。」Q =「X 很難獲得。」
P → Q 則爲「如果 X 是好東西，則 X 很難獲得」。這也就是「好東西很難獲得」的相同說法。當 P → Q 正確的時候，Q → P（很難獲得的就是好東西）不一定正確。如果前提不能保證結論一定是對的，這樣的推理就稱之爲「無效推理」。

另一個受騙因素在於很多人相信神秘事物擁有神秘力量。像是近來流行的各種占星術、塔羅牌、甚至養小鬼，或是宇宙具有什麼「秘密」能量、或是將流傳千年的《易經》當成算命寶典等等。市面上類似的書籍非常多，甚至有些還成為暢銷書，許多電視節目也跟著宣傳其神奇力量。但這些事物沒有一個經得起現代實驗室的檢驗。當然，這並不是說這些東西一定都是錯的。科學實驗當然可能有檢驗不出的漏洞，但是，在許多人都宣稱有效的同時，實驗室卻仍舊無法證明其有效性，最大的可能性在於這些效果很可能都只是人們思考的偏見或輕率解釋所造成。那麼，除非已被現實逼入絕境，或只是好玩，否則，將重要事物賭在這些失敗機會很大的賭盤上，將可能損失慘重。

小結

愛情的最大訣竅，其實就只是好好對待對方。先放下自我（放下別人需要為你而活的思考習性），以及各種僵化的觀念（像是男人／女人應該如何等想法），以對方的幸福與快樂為導向，從這個心境出發，一切問題都不會是難題。然而，這個訣竅知道了其實也沒什麼用，因為多數人不願意這麼做，而另外少數人雖然願意做，但卻做不到。因為，要放下僵化的觀念很難、放下自己更難。就算有人做到了，也只成功一半，因為這樣的心意，必須戀愛中的雙方共同點燃，才能交互輝映。

二、校園篇

老師可以為了學生的未來放個水嗎？

「老師，這科過了我就可以畢業，小玉說我畢業才願意嫁給我？請別耽誤我的幸福，讓我及格吧！」

如果你是老師，你會怎麼做？理由是什麼？

問題

老師可以給弱勢學生加分，
讓他們較容易申請獎學金繼續就學嗎？

哲學思考

　　當我在念五專的時候，有個每天一起鬼混的同學發生了車禍，傷得很嚴重，足足在加護病房躺了一個星期，而後又在一般病房住了一個多月才回家。由於傷到了大腦，剛回到學校時記憶力很差、反應遲鈍。在這所頂尖專科學校裡，成績面臨考驗，遊走在退學邊緣。

　　學期末，我幫他計算一下學分數，有幾科是比較沒有問題的，如果能夠再保住某某老師的某一科（期中考已經考得不錯

的）三學分，基本上就應該不會被退學了。於是乎，我就以正義使者的角色出現在這位老師面前。

「成績不能通融！」這是老師的回答。

「老師，這真的不是他的錯，沒人故意要發生車禍的，是吧？他期中考考得還不錯，是吧？這表示他有努力了，難道您希望他就因為這場車禍被退學嗎？」正義使者果然義正詞嚴。但是，老師也厲害得很，「那要不要先考慮休學呢？這樣就不會被退學了。」

當時我的感覺很簡單，就是想罵髒話，怎麼有這麼不為學生著想的老師呢？小小放個水不是皆大歡喜嗎？何樂不為？

當年的推理

既然學生已經努力了，而且發生意外也不是學生的錯，如果因為這樣不及格甚至被退學，對學生是不好的。由於老師應該多為學生著想，所以，老師應該放個水讓學生及格。

這是我在五專時期的想法，大學時沒什麼改變，碩士時也差不了多少。所以我猜，臺灣很多學生應該跟我有類似的思考。然而，這樣的思考有什麼問題嗎？老師可以為了學生的未來稍微放一下水嗎？

「老師，我要轉系，可是這個專業科目沒過就轉不了，我就是因爲沒興趣才要轉的，就不要刁難我，讓我順利展開另一個人生吧！」

「老師，我這科真的學不會，我已經延畢到極限了，再過不了我就拿不到大學文憑了，拜託讓我過吧！」

一個重視人情味的臺灣社會，有些老師會在這樣的要求上讓步，而且這些要求都很合理，不是嗎？

在一個單方向的推理中，我們往往只看到事情的一面，而忽略事情的另外一面。當我還是學生的時候，我通常只會從學生角度看事情，而不會從別的角度思考。但是，一旦我們可以看見事情的其他面向，想法往往會很不一樣。

舉一個例子來說，有時，會有學生到研究室來跟我借印表機印作業。從學生的角度來看，他只耽誤我幾分鐘的時間，卻帶給他很大的便利。這樣的事情不是老師應該要幫的嗎？但是，從老師的角度來看，如果我今天借他印作業，那麼，由於老師必須公平、不能偏心，所以，如果其他同學來借就不能拒絕。那麼，當愈來愈多的同學知道可以來我這裡獲得很大的便利時，那將會是一個什麼樣的場面呢？如果學生預先想到這點，我想，學生就不會再理直氣壯的認爲老師應該幫這個「小」忙了。也不會再認爲老師小氣了。因爲，這個小忙所帶來的後續效應可能會很可怕。

那麼，為了學生未來著想而放一點水有什麼可怕的後續效應嗎？有的，而且可怕程度比我們想像的還要更高。這可怕的後果就是會導致成績缺乏客觀性。簡單的說，就是成績與學歷會變得不值得信賴。

當你應徵工作時，公司會要求看你的成績單嗎？在臺灣，基本上不會。就算會也只是參考一下。為什麼？很簡單，因為，老闆根本不相信他能從成績單看出什麼東西。為什麼看不出什麼東西？因為，成績高的，學業實力未必強；而成績低的，實力也未必弱。那麼，看成績做什麼？成績根本上變成一個沒有用的紀念品，紀念你曾有過這些課程的旅遊經驗。

在臺灣，成績本來就不被認為可以顯示一個人真正的學業表現。因此，就算老師們亂給成績，隨便放水，我們也不會覺得有什麼不妥，就像在骯髒的街道再丟個垃圾一樣無感。但是，成績照理說不應該只是扮演這麼不重要的角色。放水的老師們讓成績失去公信力，這讓很多真正用心在學業上，並且獲得高分的學生面臨不公平的待遇。就像很多國內博士能力很強，也通過了很嚴格的考驗，但是，由於臺灣缺乏一個很好的把關機制與共識，這導致有些國內博士是指導教授放水後才獲得學位的。這樣的現象使得國內博士學位不值得信賴。就像是一顆老鼠屎弄壞一整鍋粥，這對那些很認真、很努力在國內拿到博士學位的人來說，

是一件很不公平的事。

如果不堅守成績的客觀性，成績就沒有參考價值。
如果可以堅守成績的客觀性，成績會開始有參考價值。應徵工作
或甄試升學時，成績會變得非常有用，它顯示出你在學業上真實
的成果。那麼，學生便會有更強的動機追求高分。如此一來，學
習的成效也會改善。

只要老師們開始有這樣的共識，或是制度上的改善讓老師們
不會再放水，臺灣社會就可以開始享用成績客觀性所帶來的各種
好處。到那時候，我們就會發現，小小的放水將會是件罪大惡極
的事情了。

小結

體諒某個學生的處境、爲某個學生未來著想，這些都是好
的。但是，若要付出成績客觀性的代價，這個代價就太高了。

為求高分討好老師有錯嗎？

學生 A：「考得如何？」

學生 B：「考得很爛。不過沒關係，我跟老師交情很好，還常常一起打球，他不會當我的。」

問題

如果只要和老師關係好就能得高分，那會有什麼不好嗎？

哲學思考

當我的死黨同學發生車禍而面臨退學危機時，我幫忙向老師求情，但卻被拒絕。為什麼呢？其中一個可能的理由是老師真的在嚴守成績的客觀性，「成績是不能通融的。」但實際上我很懷疑這點，我猜想那句話或許只是一個冠冕堂皇的藉口，真正拒絕的因素恐怕是因為，平時我們這一群實在太混了，而且沒有討好老師，所以，到了需要法外施恩的時候就沒轍了。看看那些經常遊走在老師旁邊掃地倒茶的同學，如果車禍的是他們，結局一定很不一樣吧？

暫且不管我個人的案例究竟事實如何，至少，這種情況在臺灣校園應該還滿普遍的。有些老師會給喜歡的同學比較高的成績，而且當掉得罪他們的學生。那麼，我們便可以思考一個問題：學生可以爲求高分討好老師嗎？

　　老師當然是不能依據個人喜好給成績，老師只能依據定下來的成績計算方式以及客觀學業表現來給成績。以關係好壞加減成績是一種不當的做法。這和上一篇談到的問題是一樣的，這會讓成績失去客觀性，是一種罪大惡極的行爲。即使爲了學生未來著想都不能動搖成績的客觀性，更別說是受到個人情緒影響了。我想，從這個角度來看是比較沒有爭議的。

　　然而，從學生的角度來看又如何？因爲，在臺灣（在國外很多國家應該也是，但目前針對臺灣來談），的確有些老師會依據個人對學生的好惡加減成績，幅度有時會很大，這樣的行爲讓老師感覺自己高高在上，彷彿手握生死大權一般，好不威風。在這種情況下，學生可以爲求高分來討好老師嗎？

　　這個問題可以分成兩個方面來看，第一，面對的老師是個會把個人好惡算進成績裡的人。在這樣的情況下，這位老師的成績本來就沒有客觀性，即使學生爲了成績而盡量改善和老師的關係，這裡看不出有什麼不妥的地方。就像是一個公司職員跟上司關係良好則有更多升遷機會一樣。只要沒有牽涉到像是賄賂等其

他比較不道德的行為，如果只是常常去幫老師一些小忙、噓寒問暖等等，即使在心態上或許有些可議之處，因為其目的只是為求高分而不是真的想幫忙，但這樣的一點私心應該是沒什麼大不了的。何況，多數人真的也很有意願幫忙老師，雖然連帶也希望這樣的幫忙可以獲得一些成績上的好處（或至少不要有壞處），只要不是用聖人的標準衡量，這是沒什麼大不了的。

然而，這個問題若從另一個方面來看就可能會很不一樣了。第二種情況是，老師實際上是一個不會把個人情緒帶入成績裡的人。即使你跟他關係良好，該當掉還是會當掉；而且就算你私下得罪了他，該過還是過，該高分也還是高分。也就是說，如果這位老師是一個嚴守成績客觀性的人，那麼，學生如果為求高分討好老師會是一個怎樣的情況呢？

「冀老師才不會當我呢，我跟他很好的。」

這是我無意間聽到的一句話，學生並沒有發現我就在附近。這句話其實有很多不同的解讀。我猜想，正確的解讀是這位同學只是想炫耀一下他跟我的交情不錯。當然，他的學業表現也到了不需擔心會被當的地步。所以，依據這個解讀，當我聽到這句話時還滿開心的，至少學生認為跟我交情不錯是個值得炫耀的事情。

然而，如果我們採用字面的解讀，學生真的認為只要跟我交情好，我就不會當他，那又如何呢？我想這就可能會很嚴重了。因為，這樣的觀念裡面隱藏了一個想法，「冀老師是一個不遵守成績客觀性的人。」或許，這對臺灣目前大多數學生、甚至許多老師來說，並不是一件大不了的事情。但是接受美國教育的我，卻把成績客觀性看得非常重要。從這樣的角度來看，那句話會變成是一個羞辱。因為，在我的觀念裡面，這是罪大惡極的。

　　從這兩方面來看，學生便會遇到一個難題，那到底要不要跟老師維繫一個好的關係呢？這答案其實很簡單，如果跟老師交情好並不是為了求高分，那當然盡量跟老師關係好一些，這大概只會有好處、不會有壞處的。另一方面，如果只是為了求高分才想跟老師搏感情，那從得高分的目的來看，當然還是要去追求一個良好的師生關係。因為，這樣一來，會受情緒干擾的老師會給你高分。而對不受情緒干擾的老師來說，就算你得罪他，他也不會降低你該得的成績。所以，即使不知道老師是哪一類人，做法上還是可以找到一個最大公約數的。當然，這只是純粹從追求高分的角度來看的情況。

① 跟老師關係好，而且老師會依據交情加減分，有好處。

② 跟老師關係好，但是老師不會依據交情加減分，不好不壞。

③ 跟老師關係不好，而且老師會依據交情加減分，有壞處。

④ 跟老師關係不好，但是老師不會依據交情加減分，不好不壞。

⑤ 因此，從成績來說，跟老師關係好，只可能有好處，不會有壞處。而跟老師關係不好，只可能有壞處，不會有好處。

⑥ 所以，為求高分當然要跟老師保持好關係。

然而，人與人之間的關係極為複雜，在某些不同的情況就可能產生不同的結果。所有的人際來往公式都有其例外的時候。上面的討論只是單純化的針對一般關係好壞與成績來談，如果牽涉到較敏感的感情、尊重、信賴等其他層面，情況就會完全變調而進入另一個思維空間了。

如果只要和老師關係好就能得高分，有什麼不好嗎？

不好的地方在於，成績難以顯示出真正的學業實力，而僅能顯示出其（與老師的）交際能力，這違背了成績的本意。但如果藉此去找工作，老闆就是想要（尤其跟老師的）交際能力很好的人才，那麼，好成績就會是個很有用的參考數據。

小結

　　如果跟老師保持好的關係只是爲了可以得高分或較容易及格。這是對老師的一種鄙視。當老師知道之後，會對此學生的人格打上問號，失去信賴感。當學生未來需要老師幫忙的時候（像是寫推薦信或介紹工作之類的）將很可能會遭受拒絕。

老師可以隨時改變訂下的規則嗎？

老師：「怎麼今天交作業的人這麼少？」
學生：「老師，這星期太多考試了，拜託啦！
作業延後一週，好不好？」
老師：「好吧！下星期再交。」
學生：「耶！（眾人的歡呼聲）」

問題

「這次考試大家都考差了，大家的分數全部乘以 1.5 倍吧！」老師這樣做適當嗎？

哲學思考

　　有一天，有個學生來找我，他說：「老師，雖然之前有規定現在已經不能補交作業了，但是我都努力寫好了，請讓我交了吧！拜託！拜託！」我看了他一眼，他很誠懇地在請求，沒有發現這個請求裡面所包含的意義。因此，我跟他解釋：「你可知道，你這樣的要求等於是對我的鄙視。」學生聽到後有點被嚇到，「有這麼嚴重？」

　　爲了達到更好的學習目標，我通常會訂下交作業的時間，而

且特別強調「過期不收」。因爲剛敎完，學生印象深刻，馬上練習效果最好。爲了不要讓學生拖著作業不寫，所以訂下這個嚴厲的措施。但是，剛開始的時候，雖然很明確的說明不收過期作業，但學生常常並不放在心上，我猜想主要原因可能是這種措施通常都無法嚴格執行。因爲時間已到但還沒交的人實在很多，所以，老師只好改變訂下的規則。或者，這種規則在訂下時，本來就沒有打算嚴格執行，其目的只是在希望督促學生盡快交作業而已。久而久之，學生對這種感覺上不太合理的規定大多聽過就算了，不放在心上。直到有一天踢到鐵板，然後很生氣的認爲這位老師不通情理、古板、不爲學生著想。

但是，事實上，規定是一定要遵守的。不僅學生要遵守，老師也要遵守。除非這個規則的改變獲得「所有」師生的同意。只要有一個人不同意，照理說，規則就不可以改。爲什麼要這麼麻煩呢？

主要理由在於，成績除了要具有「客觀性」之外，還必須具有「公平性」。事實上兩者是一致的，只有在公平的競爭條件下，成績才能顯現出其客觀性。所以，規則必須一視同仁，而規則的改變會破壞公平性。

如果堅持不收遲交作業，某些同學的成績會降低，而遵守規則的同學成績雖然不會提高，但相對成績會有差別。在我們的成

績單裡，除了有一個成績之外，還會顯示這個成績在全班的百分比，這也是一個很重要的參考數據。當規則隨意被改變之後，這個相對成績會受到影響，那麼，不公平的狀態就可能會發生了。

舉例來說，假設明天要交一個作業，而且還有一個考試。因爲老師說他不收遲交作業，所以，A 同學拚命寫好作業，但卻沒有足夠的時間準備考試。但其他同學想，反正到時再苦苦哀求就好，於是不寫作業而準備考試。最後，老師改變規則收遲交作業，但考壞的人卻沒有補考機會，那麼，這對 A 同學是不是很不公平呢？其實，當老師宣布改變規則的同時，雖然有一堆歡呼聲響起，但默默的抗議聲卻可能在更多學生心中繚繞。只不過，哪有學生好意思反對老師的「恩惠」呢？久而久之，學生對老師訂下的規則便愈來愈不重視了。

思路

「這次考試大家都考差了，全部乘以 1.5 倍吧！」這樣做適當嗎？

成績原本不是這樣算的，改變算法等於改變規則。規則不是不能改，而是要考慮幾個因素：

① 公平性是否被破壞？

如果全班都考不及格，乘以 1.5 之後沒有人會超過滿分，那麼，這樣的改變不會影響公平性，也應該會獲得所有人的支持，從這角度來看，這個規則改變沒有關係。

② 客觀性如何呢？

這就要看大家考差的因素了。如果是老師不小心把題目出太難，

乘以1.5是合理的回補。那麼，這樣的改變不僅不會破壞客觀性，甚至找回了客觀性。但是，如果大家考壞的因素是老師生病沒好好教、颱風假放太多導致學習效果變差等因素，那麼，這樣的做法就破壞了成績的客觀性了。使得成績無法有效顯示出學業實力。這就不恰當了。

有一次開會，聽到某個很有愛心的老師說：「我們應該好好對待各種身心障礙學生，他們求學很不容易，所以，在成績方面應該要多多幫忙。」

雖然，「多多幫忙」是個很模糊的詞，但我想他的意思就是要比較容易過、甚至比較容易得到高分來鼓勵。

姑且不論愛心這樣使用是否恰當。但是，這個做法卻把成績的公平性給破壞了。這種觀念與做法如果被廣為認知，那麼，這對身心障礙者來說將會是一場大災難。因為，這種不公平將使他們的成績不被信賴。如果我是一個公司老闆，我要應徵一個程式設計師，我不在乎這人是否有身心障礙，我只希望程式設計能力超強，但是，當我看到某個成績非常高的身心障礙應徵者時，我怎麼知道他的高分來自於實力或是來自於愛心呢？為了保險起見，我寧願用成績稍差一點的，但沒有愛心成績顧慮的人。但是，或許這位身心障礙者的成績真的完全靠實力獲得，那麼，這位老師的愛心卻可能導致這些人的成績單受到歧視，反而導致更糟的結果。

之前在臉書看到一個學生在某個老師的個人空間留言，「老師，成績出來了，想不到我竟然過了，好感動喔，真是太感謝老師的大恩大德了。」

不知這位學生所說的「大恩大德」是指什麼。如果是指老師教得認真、或甚至是教得好，能把他教會以致於及格了，那就沒什麼問題。但如果這段話指的是老師「在不該過的情況下讓他過」，這就有待商榷了。

這種話、這種觀念，普遍在臺灣學生心中，好像老師可以隨自己高興給成績一般。但是，我常常跟學生強調，成績是你們自己決定的，我只是一個計算機，把你們的所有表現依據訂下的規則換算成數字而已。所以，若要感謝，請感謝你自己；若要生氣，也請氣你自己。

小結

老師必須盡可能保障成績的客觀性與公平性。若可以接受隨意改變定下的規則，這表示這位老師是個不重視公平性的人。對我來說，這是很糟糕的一件事。所以，當有學生要求補交過期作業時，這個要求暗示著他認為我是一個不管公平性的人，那麼，這難道不是對老師的一種鄙視嗎？當然，多數學生沒有考慮到這個層面，所以，提出這種要求的學生們其實也不是有意要輕視老師。

學習態度佔 30% 合理嗎？

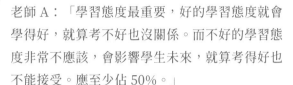

老師 A：「學習態度最重要，好的學習態度就會學得好，就算考不好也沒關係。而不好的學習態度非常不應該，會影響學生未來，就算考得好也不能接受。應至少佔 50%。」

老師 B：「學習態度雖然重要，但不用這麼強調啦！佔 30% 比較合理。」

老師 C：「好的學習態度雖然應該鼓勵，但跟成績應該完全脫鉤。應佔學期成績 0%。」

問題

小明很用功，上課做筆記，下課還問問題，雖然考不太好，還是得高分。這樣適當嗎？

哲學思考

在當學生的時期，常常聽到「學習態度」這個詞彙，老師們鼓勵學生應有良好的學習態度，也常常把這個東西作為評分的標準。當時就不覺得這有什麼奇怪，等到自己當了老師，我也很自然的在評分標準中加上這一條：

二、校園篇

「學習態度 30％。」

　　然而，學習態度的成績究竟是怎麼打的？我的方式主要在於兩個參考數據，第一是出席率；第二則是上課參與討論的程度。然而，為了訓練學生不遲到的精神，我把所有遲到的都當作沒到，效果也還不錯。另外，那種會在上課打瞌睡的、講話的、破壞課堂秩序的，也在這項成績中扣分。這個做法大概和多數老師類似，看來也沒什麼不對，所以，行之多年，從來沒去質疑過，直到有一天，我突然發覺這裡面大有問題。

　　有一天在跟某個學生聊天時，他跟我說，他在某一科的「印象成績」很差，導致他被當了。當然，這個因果推論是有待商榷的，姑且不論這個說法究竟是對是錯，「印象成績」這個名詞讓我很困擾。我問他說，「印象成績」是什麼？他回答：「就是讓老師的印象很差啊！」

　　這個說詞讓我陷入思考，而且引起一陣反感。老師可以用印象來打成績嗎？印象的來源是什麼？是不是一種主觀上的好惡呢？後來，在跟一個朋友聊天時，我很義正詞嚴的反對這種「印象成績」。我說：

　　「成績代表什麼呢？當學生未來拿成績單去應徵工作或是升學時，成績代表的是他在那個科目上的學習成果。例如，當我

們看到一個學生的『程式設計』成績是九十分時，這表示他程式設計能力很強，而不是他在學習這個科目的過程中讓老師印象良好。所以，爲了讓成績具有客觀參考價值，所有一切跟學習成果無關的因素都應該要排除。」

　　我講得很流暢、很有道理，但在講的同時愈來愈心虛，因爲大腦浮現一個問題：「我採用的學習態度又跟學習成果有什麼關係？」學習態度這個詞彙跟印象成績感覺上好像是五十步笑百步。而更深入去想，我所依據的「出席率」和「參與討論」又和學習成果有何關係呢？

　　一個明顯的問題，卻在習慣後可以閒置多年而不被察覺，人類思考的盲點還眞是不容易發現。

　　我重新思考這個問題之後，得出一個相同的結論。成績的好壞，代表著學習成果的好壞，而不是有著良好的學習態度。如果一個人的「英文寫作」成績是九十分，另一個人是八十分，那麼，這就表示九十分的比八十分的在英文寫作能力上還要更好，並不是九十分的人在學習態度上比八十分的人還好。所以，「學習態度」是一個不當的評分標準，這也會讓成績在呈現學習成果方面的客觀性受到干擾。因此，我從此不再使用「學習態度」這個詞彙在評分標準上面。

當然，我們還是應該鼓勵同學有比較好的學習態度，因爲好的學習態度通常伴隨著好的學習成果，但是，如果有人學習態度很差，但學習成果非常好，例如，他常常遲到、翹課、上課講話、睡覺，但天資聰穎，當其學習成果（考試成績）很好的時候，就應該獲得符合其學習成果的成績，而不應在不良的學習態度中被削減學期分數。這樣的成績才眞正有可信度。

　　然而，當我不再使用「學習態度」這個詞彙之後，出席率是否要列入成績計算呢？我思考了一陣子，我認爲在某些課程中，這個數據是可以列入成績計算的。因爲，某些知識不容易從書本上獲得。例如，在上課時，老師的說明比較有系統，對通盤了解一個理論有幫助，而且，老師在課堂上引導的討論也有助於對理論的融會貫通，但這些東西難以藉由考試呈現。至於課堂發言或許也可以用類似的理由放入成績計算，因爲，發言討論也有助於個人的理解，而這種理解也不容易呈現在考試成績中。但是，其他像是「遲到當沒到」或是「破壞上課秩序」等因素似乎就沒有什麼理由加入成績計算了。

　　然而，這個思考是完全以成績的客觀性來談，但教育的主要目的之一是要有好的教學效果。如果兩者產生衝突該怎麼辦？例如，我把遲到當曠課並且放入成績計算的措施對遲到有抑制作用，這會相當程度的提升整體學習效果，但是，對於用來顯示學習成果的成績客觀性卻是不適當的。這該怎麼辦？

當教學的目的和成績的客觀性產生衝突的時候，該如何取捨？一個方便的做法是，說了但不去做。也就是讓學生這麼相信而達到減少遲到的目的，但實際上不去扣分而讓成績保持其客觀性。這或許是兩全其美的辦法。但是，這又導致老師自己不遵守訂下的規則的問題，這可能會導致不公平現象，而且萬一被學生們知道這個做法，信用會降低，這會導致更糟糕的後果。怎麼辦呢？

有時制度的改變可以扭轉這樣的困局。這種問題實際上是針對臺灣目前這種以 0–100 分來計算的成績系統，而且成績以公式化計算才會有的麻煩。如果評分方式改變，問題就可能比較容易解決。例如，如果改以西方慣用的 A（卓越）、B（良好）、C（一般）、D（勉強及格）、F（不及格）五級評分方式，將分數區間拉大，而且學習成效用整體評估方式而不是公式化計算，那麼，要讓成績客觀化與提升教學效果兩者同時並重就較為容易了。因為，當學習態度好但學習成效不佳時，或許較為容易進入 C 或 D（學生可以因為學習態度良好較容易勉強及格），這就已經有鼓勵作用了。但是，這種情況卻很難爬升至 A 與 B，因為「卓越」與「良好」是完全針對學習成效來說的，學生不會只是因為有良好的學習態度而進入 A 與 B。由於 C 與 D（尤其是 D）在某種程度上就包含了不完全屬於學習成效的象徵，因為「勉強及格」的因素本來就很多，所以，大家本來就公認 D（甚至 C）不

完全顯示能力，所以，這也符合了客觀化的標準了。

　　制度的改變可以讓整體教育更容易達成期待的目的，這是不是可以讓臺灣教育制度的改革者思考一下了呢？

小結

　　當學校還是沿用舊用 0–100 的評分標準時，老師們若也覺得 A–F 的評分系統較好，或許可以向學校建議。在改變之前，其實也可以將 A–F 系統套用至 0–100 系統。例如，90 對應於 A（卓越）、80 對應於 B（良好）、70 對應於 C（一般）、而 60 對應於 D（勉強及格）。而重點在於將那些用來鼓勵學生良好學習態度，而與學習成效不相關因素的影響力，最多提升至 70 或甚至 60。而 80 以上完全以學習成效來評估。我想這樣應該比較容易做到兩者兼顧的地步。但記得需要讓學生知道這樣的評分方式，以避免有人因誤解而導致不公平的結果。

作業借同學抄，是善還是惡？

孫女：「爺爺，爸爸說你以前成績很好，還拿到碩士學位，好厲害喔！」

爺爺：「哈哈，我不是厲害啦，是很聰明，而且人緣很好。真正厲害的同學，作業都會讓我抄，考試還會罩我。碩士論文也是請人代寫的。自己完全不用努力，很聰明吧！」

孫女：「……」

問題

平時要好的同學說：「糟糕！昨天寫好的作業忘了帶，借抄一下好嗎？」我是否應該借他呢？

哲學思考

在校園中，一件很重要的事情是要對同學好一些。這不僅會讓自己有個愉快的學生生涯，更是對未來最好的投資之一。當大家畢業後，總會有人能力特別強，或是運氣特別好，迅速找到好工作，而且升遷特別快。這些人會需要值得信賴的好朋友幫忙。如果你剛好是這樣的人選，即使你的各種條件並不理想，照樣順

二、校園篇

水推舟，登上重要職位。所以，多注意人際關係、主動幫助同學、盡量協助班級或社團事務，成為一個值得信賴的人。這不僅能充實學生生活，也為未來打好勝利的基礎。

然而，在協助同學以及搞好人際關係方面，是否應加上「作業借同學抄」這個舉動呢？

當然，作業借同學抄是一個很慷慨的行為。自己的努力讓別人輕鬆獲得，並不是每個人都願意這樣做。多數人在這方面會比較吝嗇一些，尤其努力愈多的，愈不願意讓別人平白剽竊自己的苦心。但是，對於抄別人作業的人來說，不用努力就可以獲得成果，真是太開心了。抄的人當然會很感謝借的人，這對增進朋友間的友誼的確很有幫助。如果單從兩人的「人際關係」來看，這是一件好事。

① 作業借同學抄可以增進朋友情誼。
② 作業借同學抄可以展現自己的大方，增加好的形象。
③ 所以，作業借同學抄對兩人間的人際關係是件好事。

但是，這眼光卻是狹隘與短視的。這個眼光很狹隘，因為只看到借與抄的兩人關係。如果關係網放大到全班同學，結果將會很不一樣。假設你的作業寫得很好（通常寫得好的才會借人抄，也才會讓人想抄），那麼，當你將作業借人之後，你會得罪很多作業寫得比你差的同學。因為，這個舉動導致了不公平的現象，

你讓完全不努力的人作業成績高過那些嘗試努力的人。

　　尤其有些人或許天資較為駑鈍，反應較慢，但不願意抄別人的作業，這些人的成績將會比那些完全不努力而只抄別人作業的還要更低，你要這些人如何坦然面對這種處境呢？這就像在一條很長的排隊隊伍中，你很慷慨地讓朋友插隊在你的前方，雖然增進了你們的友誼，但卻得罪了後面所有的人。所以，將人際關係範圍稍為擴大，作業借人抄的舉動其實破壞的人際關係更大。

> **論證** ① 作業借同學抄，雖然對抄作業者的人際關係是件好事。但得罪那些不抄別人作業的多數人。
> ② 所以，從（比較不狹隘的）整體人際關係來看，作業借同學抄反而破壞更多人際關係。

　　當然，有人或許會說，只要顧好交情比較好的朋友就好，其他人就不管了。但卽使這樣想，這個眼光卻是短視的。當你的同學現在需要作業時，他可以抄你的，下次呢？還是抄？下下次呢？如果養成這個習慣，這些抄友將可能一直享受這種不勞而獲的快感，一段時間過後，他會發現該學的東西通通不會。除非這些東西對他來說都不重要，否則，他還會繼續感激你嗎？

> **論證** ① 作業借同學抄，雖然對（抄作業者的）人際關係是件好事。但只限於現在，未來卻未必。
> ② 所以，從（比較不短視的）人際關係來看，作業借同學抄反而很可能破壞彼此未來的友好關係。

很多攻讀博士學位的人都有個很值得參考的思路歷程。尤其當指導教授很嚴格時，學生會一直不斷被刁難。以我個人的例子來說，我花了半年多的心血，好不容易寫了兩百多頁的論文，原本想說再改一改就可以提前畢業了。結果被指導教授刪掉超過一百五十頁，之後仍然斷斷續續讓許多努力付諸流水。在這種過程中，要不痛恨指導教授都很困難。但是，痛恨也沒用，只能想盡辦法達成他期待的成果。就在這種不斷襲來的挫折中，在不斷企圖超越的嘗試下，竟然逼出了許多自己都不知道的潛力，這些能力讓我現在對研究工作得心應手、甘之如飴。回想起來，真是替自己捏一把冷汗。要是指導教授當年讓我輕鬆過關，我那時一定會很開心、很感恩。但當我未來發現能力比別人差時，想法或許就會不一樣了。

　　反過來說，有些人犯了重罪之後，突然感覺到自己會犯下這樣的罪過是因為父母太溺愛他們了，以至於痛恨自己的父母。有些人畢業後一直都很不順利，就開始責怪學校的老師沒有好好教導他們。或許，你的朋友不會像這些人一樣幼稚，把自己的過錯怪在別人身上。但是，他們事後還是會很感激你借作業的慷慨嗎？就算還是會好了，等到大家思想更成熟，價值觀改變了，不會有人還覺得學生時期抄別人作業是件英勇的事蹟，甚至可能會感到羞恥。試著思考一下，如果你的小孩知道你以前抄別人作

業，你是否感到很得意呢？另外，當你的好朋友當上總經理時，他是否會冒著讓大家知道他以前抄你作業的風險，讓你進入他的公司呢？

即使除去利害關係不管，讓好朋友抄你的作業，實際上卻是在陷害一個人，讓他失去一個學習的機會。雖然他現在很感激你，未來也未必會怪你，但這並不影響這個舉動所導致的不良後果。

然而，某些情況倒是比較例外的。如果抄作業只是應急，情況會好很多。例如，同學努力寫了但卻忘了帶來，老師又不收遲交作業，這時你借他抄一下，或許比較沒什麼關係。或者，同學真的忘了寫一份很重要的作業，你僅借他這一次，下不為例。這樣的舉動至少在學習上不會害到人，其他同學也不會太難接受。這或許也不是壞事。

但是，從老師的角度來看，「作業借同學抄」則是一件很罪過的事情。因為，這個舉動破壞了成績的公平性以及老師的教學計畫。作業的安排通常是學習中一個很重要的步驟，老師期待每一個人都學得好，也會從作業的情況來觀察學習的成效。但是，如果抄作業的人多了，老師所獲得的訊息則是錯誤的，這樣的一個錯誤認知將可能影響老師教課進度與教學方式。「既然大家學得這麼快、這麼好，那就講快一點、講多一點，這樣會有更好的學習成效。」這麼一來，整個教學將被導入錯誤的方向。

論證

① 作業借同學抄，破壞成績的公平性。

② 作業借同學抄，讓老師誤以爲敎學效果良好，導致錯誤的敎學進度規劃，進而使敎學成效下降。

③ 因此，作業借同學抄對敎學有很大的負面影響。

　　直到有一天，老師才恍然發現，原來許多人基本上都不會，作業都是抄的，敎學效果好原來只是一個假象。這時老師會感到心灰意冷，動力喪失。這將破壞整個課堂的學習氣氛。當然，做老師的，不應該受這樣的情緒干擾，應該永遠都努力不懈的……那你最好就期待老師們都是這麼了不起的。

小結

　　請別再把作業借同學抄當作一件好事。如果有好朋友堅持要抄你的作業，能拒絕最好，若拒絕不了，至少跟他說明白，你不想害他，最多一次，下不爲例。

2-6

別人的成績跟我有關係嗎？

「唉！別人都考這麼高分，作業又寫得這麼好，
我怎麼辦啊？」
「不用管別人啦！只要自己有努力就好！」
「這聽起來不錯，但真的是這樣嗎？」

 問題

考滿分（而且其他多數人都滿分）與只考六十分（但其他人都不及格），哪一個比較令人開心？

哲學思考

　　有個養貓的朋友跟我說，他養的兩隻貓中，其中有一隻很愛
違規，不是亂爬櫃子就是亂咬拖鞋。他的處罰方式就是將牠關在
房間裡無法自由進出。但是，被關一段時間後，或許覺得無聊，
牠會一直喵喵叫想出來。尤其聽到另一隻貓在外面玩的聲音時會
更抓狂。但是，如果把另一隻也關進去，牠就會立刻安靜下來。
或許，是因為有貓可以陪牠，也或許，這樣讓牠沒有「比較」上
的痛苦。

　　「比較」，是一種痛苦的來源，但也會製造快感，看是比贏

了還是比輸了。通常，落後的一方不願跟人比較，但是，逃也沒有用，領先的一方會主動來跟你比，藉此獲得勝利的快感。所以，在社群網站常會看見許多閃亮的炫耀文，在街上會看到人們手上提著標誌鮮明的名牌包，或是發出巨大聲響的跑車。只要看到或甚至只是想想別人羨慕的眼光，就會感到開心。而開車到停車場時，發現只剩一個停車位，高興程度反而超過還有很多車位可以選擇，因為，這會讓人馬上聯想到後來的人將沒地方可停。這一比較，就比出了樂趣。那麼，在這種奇特人性的作用下，別人的成績跟我有關係嗎？當然有關係。和許多人一起考滿分的喜悅反而不如只考了六十分，但其他人都不及格。

當我們覺得不幸的時候，就想想那些更不幸的人，比較之下，便會覺得心情好多了。所以，不幸的故事永遠都有激勵作用。愈是淒慘，效果愈好。因此，考試考壞的時候，只要自己不是最後一名，那就想想最後一名的處境，人們就還有喘息的空間。最後一名的，只好閉上眼睛，大腦放空，想想其他比人強的地方，只要願意這麼做，也還能自得其樂。怕的是那些好勝心很強的，不甘心輸人的情緒讓自己一直跟好的比，這會導致生活緊張又不快樂。但這也是一種向上的力量，督促自己更加努力。有好處也有壞處。

每當樂透彩開出，新聞就愛報導這個人才花多少小錢就贏得

幾億之類的新聞，我始終搞不清楚爲什麼有記者愛追蹤這些消息。因爲這會帶給大多數民衆不愉快的情緒，「爲什麼中獎的總是別人而不是自己呢？」

如果好好算一算，在臺灣兩千萬人口中，當大家都買一組樂透時，如果其中有一人中樂透彩，那麼，中獎者剛好就是自己的機率只有兩千萬分之一，也就是 0.000005%，而「別人」中獎的機率卻是 99.999995%。在這種比例下，當然大都是別人中獎而不是自己了。但是，機率歸機率，雖然結局合理，但不愉快的感覺還是會發生。

> **思路** 「別人」常常是最討厭的敵人。因爲，中獎的總是別人；最幸福的也是別人；別人總是比較強；別人的女朋友總是比較美；別人的老公總是比較體貼。這個思維錯在把「別人」當作是「一個人」。

每次開完了獎，新聞大肆報導之後，不開心的人數是開心人數的千萬倍，但開心者的快樂程度卻沒有高出千萬倍。所以，如果將快樂量化來計算，每次開獎完，在社會上製造的不開心總量一定大過開心總量。但如果不要大肆報導，多數人看不見也聽不見中獎事蹟，那就不會去比較，沒了比較，痛苦就能減少。

或許大肆報導中獎人故事的幕後黑手是彩券公司，希望能藉此激發買氣，讓每個人誤以爲只要花點小錢自己也可以變成別人。但當心弄巧成拙，這可能會造就更多彩券拒買族。因爲，只

要不再接觸，不買彩券，就可以減少不中獎的痛苦。

　　人很愛比。從小我們就養成跟人比的習慣。比贏了，很開心。比輸了，愈比愈不開心時，很多人就乾脆放棄了。但仍有些人不甘心的繼續比。經過努力而獲得最終勝利時，就是一個奮鬥的故事。但光是愛比又不願意努力的情況下，就容易怨天尤人。就像許多人整天抱怨「為什麼我不是富二代」一樣。

　　然而，為什麼要比呢？既然跟人比這麼不愉快，可不可以不要再比了？沒辦法！「比較」不僅僅是贏了開心、輸了生氣這麼簡單。如果只是如此，就訓練自己不要再跟人比，這會讓生活多一點輕鬆愉快。但是，社會型態強迫我們必須要比。因為，比贏比輸真的有差。

　　這是一個競爭的社會，當我們去應徵一個工作時，愈好的工作，競爭者就愈多，但錄取名額有限。不是自我要求表現良好就行了，而是一定要比過別人才能獲得這個工作。當學生去甄試入學或是考大學指考時也是一樣，雖然成績好仍然很重要，但是，最重要的還是要贏過競爭者，少贏一個人就會落榜，就算只差一分或甚至零點五分也是一樣。所以，別人的成績當然跟我有關。

　　成績單上除了自己的成績外，還有跟全班比較的百分比位置。當我們將成績單拿出去時，成績好雖很重要，但百分比更重要。我們被衡量的，不僅僅是成績的好壞，還有跟別人的比較。

別人的成績既然對自己來說這麼重要，那麼，我們是否在校園內就應該吝嗇一點，同學問我們問題時，就假裝不會，不要告訴他，這樣是不是比較好呢？

　　若單純從成績的比較方面來考慮，這或許眞的比較好，但卻是一種眼光短淺的想法。因爲，這樣做很可能讓我們損失更重要的東西：培養實力的機會。

　　在畢業之後，無論是升學或是就業，大多數的競爭對手不再是同班同學，而是來自其他許多學校的畢業生。這時，無論面對的是筆試、口試、面試，甚至作品水準與工作表現，實力的重要性將遠遠超越成績。同學間的互相合作可以提升整體實力。愈是能夠互相分享學習心得、不藏私，學習效果就愈好。到時，這群人將可能打遍天下無敵手，成爲實力堅強的一群。同班同學在校期間是競爭對手，但畢業之後，通常成爲最佳戰友。趁著在學期間，幫助未來的戰友提升能力，不僅贏得友誼，也贏得光明的未來。

小結

　　「別管別人的成績，只要自己學好就好。」這個常聽見的句子是錯的。成績當然要比較，我們需要贏過別人。但是，也別忘了，很多事情比成績更重要，爭取成績的同時，想想可能會失去的東西，衡量一下利弊得失。

學生打工是笨蛋還是聰明？

大學生要不要打工？這是一個選擇，這個選擇可能會影響未來，不得不深思。那麼，聽聽過來人的意見吧！

2010 年，當時的監察院長王建煊演講時主張，「學生打工是笨蛋。」但之後卻有許多名人卻回應，「學生打工很聰明」。

那究竟要不要打工？

問題

有個很好的打工機會，可以跟在總經理旁邊學到很多東西，但會影響課業，做還是不做？

哲學思考

記得很久以前，當我還在念五專的時候，很少有學生在打工。工讀的學生大多是家庭經濟狀況較差，需要兼差補貼家用的人。當時的觀念是，學生如果可以不工作最好就不要，以免耽誤課業。

當時傳出另一種聲音，認為學生應該要工作，學習在經濟上

能獨立自主，自己的零用錢（甚至學費）自己來賺。有些人引用美國對小孩的教育方法，從小就訓練他們去工作，想要什麼自己賺錢買。在那個年代，這是一種新觀念，許多人認為這是好的教育方式。

　　姑且不論有多少美國人真的是依據這種學習經濟獨立的觀念讓小孩去工作（我猜更多可能是希望小孩不要花自己太多錢），然而，提早訓練這個習慣對人們的未來有什麼價值呢？如果在學校期間依賴父母把課業學好，出社會後再開始學習經濟獨立會太遲嗎？在臺灣，許多人在學期間完全不打工，但出社會後，只要能找到工作，馬上開始努力工作，似乎也沒有什麼需要提早訓練的必要。當然，如果想要學習的，是關於各種工作態度或是人際關係能力之類的，那就另當別論。至少，學習經濟上的獨立自主應該不是一個讓學生去工讀的好理由。

　　到了現代社會，愈來愈多的學生在打工，學生沒有兼差反而成了一件奇怪的事情。這時則發出另一種聲音，認為學生打工是笨蛋，應該好好把課業學好才是上策。然而，學生打工真的是一件壞事嗎？

　　這個問題的關鍵其實是在學生打工的意義究竟在哪裡？姑且不論那些必須靠著打工才能付出學費的同學，這些同學若不打工可能就無法繼續上學了，又如何能把課業顧好？所以，這個情

況的工讀是比較沒有爭議的。

　　然而，有些學生工讀的目的只是為了購買一些父母不願出錢的奢侈品。例如，高檔的智慧型手機、名牌包、或是名牌服飾，甚至是高級保養品或整型費用。這些事物並不見得不好，但是要獲取這些東西所要付出的代價可能過高。以目前一般學生時薪來計算，一個三、四萬的手機或名牌物件大約需要工作兩百多個小時才能賺到。如果每天工讀三小時，也要花超過兩個月的時間。如果不考慮工作本身的價值，那麼，說這樣的學生是笨蛋其實並不為過。因為，只要忍耐一下使用高級手機與名牌的欲望，把這些時間拿來好好充電，讓自己出社會後拿高薪，到時輕而易舉就可以賺到這些東西了。這不是較為聰明的做法嗎？

思路 對於非生活必需的奢侈品，學生需要花很多時間才賺得到。不如忍耐一下，先把時間投資在提升自己，未來畢業後可以較容易獲得。

　　當然，情況不同就會有例外。有些學生條件不錯，或是運氣很好，剛好碰上某些很好的工讀機會，這些工讀的時薪很高，花點時間讓自己有更多的金錢可以運用，這並不是件壞事。人們也不可能整天念書，把工作當作是一種念書之外的調劑，只要不嚴重影響課業，這應該是聰明的選擇。

　　另一個重要的考慮因素就是工作本身的價值。學生打工的意

義除了可以賺錢之外，也是一種很好的學習機會。依據不同的工作內容，就有不同的學習效果。如果可以跟在總經理身邊，即使只是打雜，可學的東西依然很多。

有一天，我很晚回家。第一次在午夜之後進入附近的一家超商。結帳時，店員跟我說，「老師，今天怎麼這麼晚？」我這時才發現他是我的學生，這位學生讓我印象很深刻，因為他是極少數會在我的課堂上睡覺的人，而且除了缺課之外，只要來了，很少不睡的。而且不是上到一半入睡，而是一開始就睡。那時，我常常在想，「他到底是來學校做什麼的啊？」

答案揭曉，他或許很有心想上課，但是，在超商上大夜班怎麼可能還有精神上課呢？雖然，我對他上大夜班還能偶爾來上課這件事感到很敬佩，但是，這樣的打工值得嗎？

在超商的工作不能說完全沒有意義，上大夜班的體驗也或許是有價值的。但是，這些能體驗到的、學到的，大概只需要去個幾次就差不多了。如果想要多體驗人生，那麼，長時間去做這樣的工作是沒有什麼價值的。當然，相同的工作對不同人的效應是不一樣的。例如，對一個未來要繼承大事業的企業老闆子女來說，長時間做這些最基礎的服務業，或許對其（在高位者很重要的）心性成長大有幫助。

我在嘉義中正大學念碩士班的時候，離學校不遠的地方成立

了一個地區性的廣播電台。這個電台由民間捐款而成，沒有廣告收益，也沒多餘的經費找人來製作節目。所以，我自告奮勇做了一個「哲學茶室」的節目，每週一次，每次兩小時，接受現場叩應。雖然這個工作沒有薪水可領，但每一個被我找去幫忙的同學都感到很有收獲。因為這是難得又有趣的體驗。雖然，這個工作經驗對我們這群人後來的工作都沒什麼幫助，但卻能讓人生更加多采多姿，我想，這也是學生打工的價值之一。

推理	（工讀）收入低＋沒必要＋會影響課業＋沒有學習價值＝笨蛋。 （工讀）收入高（或）有必要（或）不影響課業（或）有學習價值＝聰明。

小結

　　學生工讀究竟是笨蛋還是聰明呢？答案很簡單，如果工讀只是為了賺錢，而且賺的錢非常的少，這些錢又只是為了花在可有可無的地方，並且占用許多念書時間，那麼，這是一個笨蛋行為，太不值得了。這些工讀時間還不如拿來栽培自己。但是，如果收入不錯、耗費的時間不多、能學習到有價值的經驗、或是能讓學生生涯更豐富有趣，那麼，這就應當是一個聰明的選擇了。

如何選擇與經營學生生涯？

二十世紀法國存在主義哲學家沙特（Jean-Paul Sartre，1905～1980）指出：「抉擇是痛苦的源頭。」也因為如此，許多人不喜歡做抉擇。

但是，減少抉擇，是否能減少痛苦呢？如果我們不做選擇，讓命運支配人生，痛苦是否就會減少？

問題

應該讓考試分數的落點來決定要念的大學與科系，還是讓自己不太有把握的思考來決定？

哲學思考

　　從小，我們被安排進入小學，畢業後理所當然的和鄰居們一同前往國中，而後努力考取較好的高中就讀。這長達十多年的時間裡，很少有人會問，「我究竟到學校做什麼？」因為我們根本沒有在做選擇，整個社會潮流就將我們推向這裡。多數人甚至莫名奇妙的上了大學，依據落點選了完全陌生的學校與科系。讀了

一、兩年，突然夢中驚醒，「我為什麼會在這裡？我究竟在這裡做什麼？」無法回答，也沒有特定目標，就這樣走一步算一步。這種情況造就了許多茫然度日的大學生。

思路 不去思考我們該走哪一條路，逃避做選擇，結果是讓自己進入一個更難堪的局面。雖然抉擇或許是一種痛苦，而且抉擇錯了是更大的痛苦，但不做抉擇可能導致更糟的局面。

在就學過程中，多數人只是隨波逐流，沒有特別目的。從小學到高中，幾乎沒有人抱持著求知的渴望。許多人很努力用功，主要想獲得各種考試的勝利或是滿足未來成功的渴望；許多人認真寫作業，因為不寫會被處罰。我們被迫上課與求知，反彈的心理讓許多人厭惡知識、討厭學習、而渴望放假。一旦老師生病不能來上課，或是颱風來襲而停課，幾乎所有人歡聲起舞。雖然，學校教育還是達成了提升國民素質的目標，但或許，我們也該想想，難道就沒有更好的教育方式了嗎？

思路 如果我們認為小孩需要吃什麼就餵他們吃什麼，甚至強迫他們吃，完全不管他們是否想吃，是否有食慾，這個希望小孩健康的做法是不是很畸形呢？如果你同意，那麼，想想我們的教育吧！在我們教給學生所需要的知識之前，他們是否已有求知的欲望了呢？

我比多數人早幾年從這樣的潮流中驚醒，主要因素應該是我

當年選擇念五專。雖然促使我選擇五專的理由很可笑，但對我來說也算是個美麗的錯誤吧！國中時，坐我後面的同學跟我說，他的大哥念高雄工專電子科，才三年級就能造出一部電腦放在家裡玩。那時，IBM 個人電腦都還沒問市，不像現在隨處可見。對當時的人來說，「電腦」是個非常高科技又有吸引力的詞彙。才念不到三年書，就能學會製造電腦，那我還念高中做什麼呢？

後來我就真的到了高雄工專電子科，三年級時，真的要「製造」電腦了。雖然不像現在這種電腦，而是簡單的一片微型電腦版，但功能也算強的了。每位同學花兩千元買套裝零件，依據說明書把零件一顆一顆「黏」上去，其難度大約等於一個三百片的拼圖。

我對這件事情缺乏興趣，可能是因為原本的期望太高，而相關課程也不吸引我，所以，我愈來愈少去上課，耗費大量時間窩在好幾個社團裡。現在回想起來，這或許也算是因禍得福的例子。那幾年，在社團上學到許多課堂上學不到的能力，到現在還一直覺得受用無窮。

在那迷惘的歲月中，學業沒興趣，也完全跟不上，雖然社團生活還算豐富，但終究不是正事。感覺上像是突然醒過來，發現自己莫名奇妙的被放在一個陌生的處境，沒有退路，也不知朝哪裡前進。這像極了當今許多大學生的生活寫照，只不過，我跳過了高中，提早遭遇挑戰。

而我也和許多大學生一樣，挑戰失敗，因而被學校退學。然而，照理說，退學應該是令人感到沮喪的，我也真的沮喪了兩天。但兩天過後，我才後知後覺的發現處境變了。前方不再無路，而是開出了無限的可能性，這一退學，還真讓我絕地逢生了。一切都可以重新開始，為時還不算晚。又經過幾次選擇與波折，最後，我走向哲學之路。

　　退學之後，我開始認真面對自己內心的各種想法，不再隨波逐流做選擇。最後決定生根於哲學大地之上，並不是因為聽說哲學很了不起，而是在哲學書中發現感動。一本多數人會感到無聊的哲學概論也可以讓我震驚不已，每當看見一個新的思路、新的學說，總會回味無窮。因為求知，所以閱讀；因為樂趣，所以學習。我就這樣走上了哲學的路子。這樣的求學過程，自然充滿樂趣；念書不再只是為了考試，而是為了好奇、解惑、與探索。

　　當然，沒有一條路會是一帆風順的；沒有一個選擇會沒有困境；也沒有任何興趣可以一直持續不變。即使找對適合自己的路，一樣要面對挑戰，只不過，迎接這種挑戰的勝率會高一點，面對的意願也強一點。

　　多數人不太喜歡做選擇，尤其針對那種難以抉擇的事情。因為選擇令人苦惱，萬一選錯了會後悔萬分，不如讓別人做決定，或甚至任其自然，萬一導致不良後果，還可以責怪選擇的人，

或是抱怨運氣不佳。就像許多人喜歡用落點來選擇大學與科系，這等於讓命運來決定自己的方向。但是，針對這種有線索可以思考的抉擇來說，不做選擇所要承擔的，是較高的錯誤率。

當然，對高中生來說，認真思考自己適合的科系是很困難的。這個階段的思考型態其實還處在幾乎完全被社會價值觀所左右的狀態，很難真正看見自己與他人的不同點。要能真正找到最適合自己的科系並不容易。想錯的可能性也很高。這是機率的問題，花愈多的時間思考、愈認識自己、愈不受社會大眾價值觀干擾、愈少錯誤的想法，就愈能夠找到適合自己的大學與科系。

當然，首先要思考的是念大學的目的為何？許多人把大學當作是職業訓練所。這其實也不算錯，大學的確提供了未來就業的訓練，這也是大學的主要目的之一。但是，這並不是唯一目的，甚至不是唯一主要目的。

大學另外一個很重要的功能是知識的提供。知識的功能非常大，專業知識只是眾多知識裡面的一種。大學畢業之後，除了工作之外，我們還需要生活在這世界上。並不是好工作、高收入就保證擁有幸福人生，我們還需要各式各樣的知識，讓我們知道如何活得更好、更充實、以及更有知性。而且還需知道如何扮演好一個國民的角色，共同建設一個理想社會。這也是為什麼大學除了本系學分之外，還要有各種共同必修、通識與外系選修課程。

另外，許多學生認為大學社團只是提供休閒娛樂的場所，是

個沒有必要浪費時間的地方。但是，大學社團也提供許多不同興趣的培養機會，這是在未來人生中，讓自己的生活不再枯燥乏味的重要功能。而社團活動也是訓練各種書本以外能力的好地方，像是領導力、問題解決能力、人際關係的掌握、活動策劃、演說能力、表達能力等等。若具備這些能力，不僅對未來的工作很有幫助，對工作之外的生活也大有益處。

除此之外，大學也是交友的重要場所。離開學生生涯，就很難再交到真正曾經並肩追逐夢想、共患難、以及在相知中成長的好朋友。這些友誼，或許對未來工作也會有幫助。但就算沒有，也能讓畢業後的生活更加多元有趣。

前往大學前，思考自己期待什麼樣的未來，這個思考不僅僅是關於未來要做什麼樣的工作，還包括工作之外的生活與心靈的安頓，甚至實現某些夢想。每個人最好都有個夢想，沒有夢想的人生通常會愈來愈枯燥乏味。想好之後，看看大學可以怎樣協助你完成這個計畫，這時，你就應該比較有想法去選擇較為適合的大學與科系了，也比較清楚該如何規劃自己的大學生涯。

小結

花愈多時間與精神思考自己的未來與該做的選擇，雖不保證一定能找到最好的道路，但會得到較高的成功率，也愈清楚未來風險在哪些地方。

三、人生篇

人生的目的就是追求快樂嗎？

如果發現某一種特殊的能量石，可以讓配戴者避開所有不快樂的事，而且完全沒有副作用。假設這樣的石頭又非常廉價（先不管怎麼可能有這麼好康的事情），請問有人會拒絕戴它嗎？

問題

如果你的人生目的不是快樂，那麼，這個目的的目的通常還是快樂。如果不是，那還能是什麼呢？

哲學思考

除非有宗教信仰，否則，大概很少有人認為人生的意義不是在追求快樂吧！就算有宗教信仰，就算認為人生的意義不在於追求快樂，但在不知不覺中，通常還是以快樂為生活的方向。理由其實也很簡單，這是人性本能。

有人認為，人們來到這個世界就是要接受苦難與考驗，進而鍛鍊出一個更崇高的靈魂。但是，當這個人來到河邊，他不會選擇涉水或游泳渡河，他會選擇輕鬆穿越的橋樑。遇到困難，我們自然而然會去避開，不管你的人生信念是什麼。除非，這個困難

三、人生篇

背後有著更令人嚮往的快樂在等著你，但是這時，我們就面臨選擇：眼前的快樂還是未來的快樂？

快樂的種類很多，而且有時會互相衝突。生活懶散是一種快樂，而勤勞努力則是一種負擔，但勤勞努力卻會帶來具有快樂成分的成就感。發洩情緒是一種快樂，但卻會引發不良人際關係的痛苦；忍受情緒耐心對人則是一種不快樂，但它卻會帶來良好的人際關係，甚至事業的成功。那麼，我們應該追求哪一種快樂呢？

這個問題大概沒有絕對的答案。父母總希望子女選擇未來的快樂而忍耐暫時的痛苦，這個要求是「爲子女好」，這應該是沒錯的。那是因爲父母通常希望自己過去更努力一些，「現在」就可以享福了。但是，子女們也希望「現在」就能享福。想要的東西其實是一樣的，每個人的焦點都在現在，只願意做到某種自己覺得夠了的努力爲未來付出。只不過年紀愈大，爲自己未來付出的意願就愈強，這是從經驗學來的，有人學得快，有人學得慢，灌輸別人需要爲未來更努力的觀念其實沒什麼用處。想想自己願不願意再爲未來做（比現在覺得已經足夠的）更多的努力就知道了。每個人的答案大多都是：「（現在）不需要」。大人覺得不需要，小孩也覺得不需要。但幾年後都會認爲「（那時候）需要」。這是人思考問題的一個盲點。我們都期待過去的自己多一點努力來讓現在的自己更快樂，而不是現在的自己再多

一點努力以追求未來更多快樂。

　　那麼，現在的快樂與未來的快樂究竟哪一個重要？這當然還需考慮快樂的種類，然而，大多數時候，未來的快樂會比現在的快樂更有價值。因為，未來的快樂通常比較持久，但是，現在的快樂卻經常是短暫的，甚至會帶來更大的痛苦。

　　舉例來說，如果有一個作業要寫，究竟是要痛苦的馬上寫，還是拖到最後一刻再來寫呢？答案其實很簡單，馬上寫和最後一刻再寫，其寫作業過程中的痛苦是差不多的，但是馬上寫完之後卻可以有更多時間享受寫完作業的快樂，但是，拖到最後一刻的人卻在這段時間裡，時時感受到作業還沒寫的壓力。所以，早點寫完當然比較快樂，這是一個較為理智的選擇。然而，如果根本就不寫又如何？這似乎就很難說了，在禪宗的觀念裡，一切都放下才是最高境界，如果不寫作業、不擔心後果、不在乎未來，而卻在所有的困難環境中都悠遊自在，或許這是更高、更了不起的境界吧！那麼，這是否就是人們應該追求的快樂了呢？究竟是不是有哪一種快樂是人生中最重要的？

　　這樣的問題有各種不同的看法，有人認為生活樂趣、吃喝玩樂等是最直接有意義的；有人認為要追尋心靈的快樂像是藝術與美學等心靈饗宴；也有人認為像北宋范仲淹一樣，「先天下之憂而憂，後天下之樂而樂」，盡了責任所獲得的快樂才是最重要的；

或者近年來有許多人認為要像儒家學者一般主張符合良知的快樂才是真正的樂趣；另外還有道家般的大自在的感覺；或是強調佛家悟道的內心情境等等。當然，世界上最多人喜歡的快樂就是古人所謂的四大樂事：「久旱逢甘霖，他鄉遇故知，洞房花燭夜，金榜題名時。」

總之，不管是哪一種快樂，許多人認為人生目的就在於追求快樂。而且，事實上，多數人的確用這樣的態度過生活，其中最明顯的例子就是吸毒者。由於某些毒品可以讓人在短暫的時間中獲得極大的快樂，許多人沉迷於這樣的情境中無法跳脫或甚至不願跳脫，這樣的情形也可以在白老鼠的實驗室中觀察到。將受試的白老鼠腦內的快樂中樞裝上一個小小的裝置，當白老鼠壓到某一個按鈕時，這個裝置就會起作用而刺激該大腦部位產生快樂感，實驗結果，白老鼠不吃、不喝、不睡、甚至連交配也沒興趣，從早到晚按那個按鈕，直到餓死為止。不管是其他動物或是人類，追求快樂似乎是一種天性，那麼，如果遵循天性就是人生意義的追求，快樂應該就是人生的意義了吧？

然而，在追求人生意義的思考中，美國現代哲學家諾齊克（Robert Nozick，1938～2002）論證指出，「無論是哪一種快樂都不可能是人生真正的意義與目的。」這說法也未免太驚人了，真的是這樣嗎？我們來看看他是如何說的。

假設有一個經驗製造機可以帶給你任何可能的經驗或感覺，例如，你給世界帶來永遠的和平，或你踹某個仇人幾腳，或和某超級巨星談戀愛，或成為大音樂家，或甚至達到天人合一以及悟道的心靈感受等等。因為快樂屬於經驗的範圍，所以我們也可以說，這個經驗製造機可以製造所有種類的快樂。

為了逼真起見，當你在體驗的過程，你會忘掉真正的自己，也就是說，機器可以製造出（對你個人主觀來說是）「真實的體驗」。當然，如果真有這麼好的東西，大家一定都想要體驗看看各種不同的感受，甚至親身體會當電影主角的各種經歷。然而，問題來了，有沒有人願意拿他的餘生都在機器中度過，再也不出來了？也就是說，你設計好餘生的所有經歷，進入機器後將不會知道這是你的設計，也不會知道未來會如何，甚至也忘了曾經決定進入機器這件事，你的一生將會充滿各種快樂（無論那一種快樂），直到死為止。那麼，你是否準備進入經驗製造機了呢？

在這樣的假設下，對於不斷追求快樂的我們而言，應該是趨之若鶩的。但令人感到有趣的現象是，雖然這條件聽起來很誘人，但除非是那種已經放棄人生或想逃避的人，否則，大多數人在仔細思考後都不願意了。「我的子女怎麼辦？」「我的小狗沒人照顧了！」「我還有很多事情還沒做。」各種責任紛沓而至，難以釋懷。最後，「等我把該做的事情做完再說吧！」而這樣的一天可能永遠等不到。

「可是在機器裡面，你可以感覺到繼續照顧你的子女，繼續照顧你的小狗，繼續做更有意義的事情，而且都不會有意外發生，那不是更好嗎？」

「不！還是算了，那都不是真的。」

「進入機器後你就會覺得全部都是真的了。」

「問題是，在進入機器前，我知道那些都不是真的。我踏不進去！」

這是典型的拒絕進入機器的想法，雖然，我們依據本能一直在追求快樂，但是，一旦可以藉由這樣的方式獲得完全的快樂時，有理性思考能力的我們卻裹足不前了，為什麼會這樣呢？這表示無論哪一種快樂都不能真正滿足我們內心深層的欲望，在我們心裡，藏有比快樂本身更重要的期待。

論證	歸謬證法：先假設結論的反面，推出矛盾，進而證明結論。
	① 先假設結論的反面：如果內心所有欲望可以被各種快樂填滿。
	② 依據假設推理：那麼，我們會願意進入經驗機器裡面，而且感到很滿足。
	③ 產生矛盾：但多數人不願意未來都在經驗機器裡面度過，無法感到滿足。
	④ 證明結論：那麼，這就表示這些快樂無法滿足人們內心的欲望。

也就是說，如果人類內心深處真有一個指導我們朝向人生意義的核心關鍵，那麼，顯然這樣的關鍵直覺告訴我們「快樂不是人生的目的」，無論是哪一種快樂都不是。

這個結論真是太嚇人了，這是不是表示我們都被追求快樂的本能給欺騙了呢？如果真有造物主，那造物主是在戲弄我們嗎？如果我們不以快樂為人生的目的，我們還有什麼可以追求的？我想，這裡有個需要澄清的地方。如果不以快樂本身為人生目的，快樂還是可以做為追求人生意義的方向。

這個論證告訴我們，如果人生真的有個目的，這個目的不會是快樂本身，快樂應該只是一種指引我們前進的路標。當我們追求某種快樂，快樂本身不是目的，而是在追求快樂的過程中讓我們向某個真正的目的前進。當我們選擇了不同的快樂，這就等於選擇不同的路標，而不同的路標就引導我們朝向不同的目的。至於依據我們目前選擇的路標會到達什麼樣的人生目的，這可能就得靠自己的想像力來思考了。

小結

人們內心深處正找尋著比各種快樂都還重要的東西，這究竟是什麼？面對它、看清它，我想，這會是人生中一件很重要的事情。而思考這個問題的關鍵在於，「你的內心深處，究竟是什麼因素讓你不願意進入機器裡？」

宗教信仰是一件蠢事嗎？

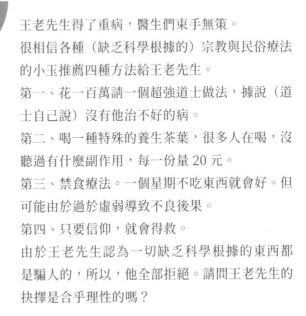

王老先生得了重病，醫生們束手無策。

很相信各種（缺乏科學根據的）宗教與民俗療法的小玉推薦四種方法給王老先生。

第一、花一百萬請一個超強道士做法，據說（道士自己說）沒有他治不好的病。

第二、喝一種特殊的養生茶葉，很多人在喝，沒聽過有什麼副作用，每一份量 20 元。

第三、禁食療法。一個星期不吃東西就會好。但可能由於過於虛弱導致不良後果。

第四、只要信仰，就會得救。

由於王老先生認為一切缺乏科學根據的東西都是騙人的，所以，他全部拒絕。請問王老先生的抉擇是合乎理性的嗎？

問題

沒有人認為自己的信仰是非理性的，
但多數人卻認為其他很多人的信仰是非理性的，
究竟信仰是不是理性的？

哲學思考

「信仰是非理性的。」很多人這麼主張。而就某個角度來

說，這是事實。但從一個不同的角度來看，卻非如此。信仰，也可以是合乎理性的。

「理性」這個詞有許多不同的用法，但最基本的意思是：「符合邏輯思考所產生的判斷。」所以，如果信仰是符合邏輯思考後的判斷，那麼，我們就認爲是理性的。

我曾經遇過一個業餘的外國傳教士，他主張信仰是理性的，而且使用論證來證明。

他說：「依據《聖經》記載，古時候的人都很高大，所以也很長壽。因爲身高和壽命成正比，也因爲如此，西方人普遍比東方人長壽，而東方人又比非洲人長壽。」

這個推理雖然乍看之下有點道理，但裡面包含了好幾個邏輯謬誤。當時我不想挑他的謬誤，直接反駁說，「那爲什麼考古學家們找不到古時候巨人們的化石呢？」

「啊哈！這是重點，難道你沒發現他們的確挖出許多龐然大物嗎？那些就是古時候的巨人們，只不過他們拼裝錯了，誤以爲是被稱作恐龍的巨獸。」

我不太有興趣跟他辯論這個主張。雖然他企圖使用理性去證明信仰，但是，這樣的推理太過草率。在我的標準中，這種程度的推理是屬於非理性的。

歷史上許多偉大的哲學家也企圖用論證來證明神的存在。例

如：

「一切皆有因，只有神可以作為一切開頭的第一因，所以神存在。」聖多瑪斯（St. Thomas Aquinas，1225 ~ 1274）

「神的概念本身就包含了一切，包含一切的當然包含存在，因此，神存在。」笛卡兒（René Descartes，1596 ~ 1650）

「在經驗可觀察的領域中，我們可以發現，人類天生渴望的事物都必然存在（就像人天生有食慾則有食物存在），而我們對神的渴望是天生的，因此，神存在。」馬雷夏（Joseph Marechal，1878 ~ 1944）

這些都是合理的推論，也在某種程度上讓信仰成了較為理性的領域。但是，這些論證的說服力都是不足的。或許，有些信徒不認同，認為這樣的說服力已經夠了。那麼，我們可以做一個簡單的思想實驗，假設這是一場賭注，而且答案就已經在放骰子的碗中，馬上可以揭曉。如果僅僅依據這些理由，讓我們思考一下，有沒有人願意把一半的財產拿來賭？我猜如果單純從錢財輸贏的角度來看，沒有人願意賭吧！理由很簡單，那些論證不足以讓人信服。在我對理性的標準中，相信這些論證也還是屬於非理性的選擇。

然而，雖然我們一般大眾不願下這個賭注，但一個從不同角

度思考的人或許會願意賭。像是十七世紀的法國哲學家巴斯葛（Blaise Pascal，1623～1662），他甚至願意下更大的賭注，拿他的一生來賭。理由很簡單，不管上面的論證是對是錯，如果神不存在，表示人在死後將歸於虛無，那麼，人生就沒什麼意義了，這樣的人生輸了也無所謂。但是，如果神存在，信仰則會讓他一生走上神許下的道路，那麼，他將贏得人生的意義。這就是著名的「賭博論證」。

賭博論證

① 假設神不存在，信不信都沒差，因為這樣的人生沒有意義，也無輸贏。
② 假設神存在，你不信，那你輸了。
③ 假設神存在，你相信，那你贏了。
所以，相信神存在，只可能贏不可能輸。但若不信，只可能輸不可能贏。

　　雖然，賭博論證也不是毫無瑕疵的邏輯推理。因為，「神」還有很多可能性，究竟信仰哪一個神也還是一種賭注。但是，挑一個總比什麼都不信好吧！從這個角度來看，信仰可以算是一個理性的抉擇。

　　有個基督徒朋友曾經跟我說，「許多最重視實證的科學家研究到後來都從無神論變成基督徒，所以，基督教是很科學的。」這個推理對我來說也是太草率了，而且，還是有很多科學家是無

神論的，不是嗎？一個信仰如果是科學的，那麼，至少在科學界會獲得某種程度的共識，那麼，就自然會有大批科學家去信教了。如果這群人只是少數，那麼，我們不能說這個宗教是科學的。但我們或許可以說，至少這個宗教不是反科學的。從這個角度來看，其實我們可以發現宗教的另一個理性之處。

　　一個年輕的科學家較容易把科學理論當作是真理。當宗教不符合這些理論時，就像基督宗教不符合演化論時，就當它是非理性的。但是，對一個資深的科學家來說，當他走到理論思考的尖端，也就是當他踏進科學與哲學的交會處時，他或許開始懷疑這一切扮演科學基石的思考究竟是對是錯？例如，科學依賴實驗，實驗結果透過歸納法形成科學理論，但是，歸納法本身卻只是一個永遠無法被證實的假設。又例如，科學也預設凡事必有因的因果律，因為科學理論本身就是在解釋各種因果現象。但是，現代科學卻發現因果律在組成一切事物的基本粒子中不太適用，也不適用於宇宙的開端。這麼一來，因果律到底哪裡來的？依賴因果律所建立起來的科學正走向反對因果律的方向，就像依據梁柱建起的大廈竟然發現梁柱只是幻影。這樣的尷尬局面讓我們不敢再用科學理論衡量一切。既然科學的權威被解構了，那麼，與科學理論產生某些衝突的宗教也未必就是錯的。這麼一來，如果我們有其他好的理由選擇信仰，這樣的抉擇就不會是非理性的了。

在美國念書時聽了一場演講，談到信仰人口在各年齡層的分布。剛開始，許多小孩受了家庭的影響而信仰宗教。但年紀漸長，尤其吸收各種科學新知之後，信仰人口逐漸變少，到了三、四十歲的區間，降到最低的比例。但在這個年齡層之後，年齡愈大，信仰的人反而就愈多。為什麼會這樣呢？依據研究，主要的理由是，「內心開始強烈感覺到有宗教的需求。」

當人處在安逸的狀態下，我們不太會有宗教的渴望。對某些人來說，信仰或許只是個可笑的蠢事。但是，當人歷經苦難、遇到內心難以負荷的處境、走在人生的亂流時，我們便感覺到有宗教的需求，因為，宗教能夠安定心靈世界。但是，許多人即使在這樣的情況下也不會去信教，理由很簡單，因為這些人壓根不信這些「鬼」東西，即使假裝很虔誠的去信仰也是沒用的，這種抗拒心阻絕了宗教的撫慰作用。

從這角度來說，非理性的人就不再屬於信徒，而是那些堅持不信仰的人了。因為，就如前面所說的，宗教未必是錯的。依據人類目前最大的理性能力來說，我們距離要排除各種宗教的可信度還早得很。科學理論還沒有強到可以宣告真理世界的樣貌，也無法否定神、天堂、來生、生命意義存在的可能性，真理世界距離我們目前的理解或許還無限遙遠。既然如此，如果心靈有需要，為什麼不信呢？

論證

① 目前的科學知識還未到達可以宣告眞理的地步。所以宗敎雖在某些地方不合科學，也不表示其一定是錯的。

② 如果內心對宗敎有所需求，信仰宗敎對我們的生活有幫助，而且沒什麼壞處，其也有可能是對的，那麼，信仰是一個合乎理性的選擇。

③ 所以，除了某些會帶來禍害的宗敎之外，在有需求的情況下還是不願意信仰，就會成爲一個非理性的選擇。

當一個人的思考被侷限在當今各種科學理論，看不見在知識世界的遠方迷霧中，隱藏各種可能性。即使感到對宗敎有所需求，仍然無法放下一個早已過時的僵化思考，那麼，這才是可悲的非理性者。而這樣的人，還常常引以爲傲地嘲笑著信徒的愚蠢呢！

在王老先生的例子中，反正最值得信賴的科學（醫學）已經無法幫助他了，試試其他（沒有什麼壞處的）方法也無妨，因爲，非科學的未必就是錯的。這才是理智的選擇。王老先生將非科學的都一律視爲錯誤的，這反而才是非理性的。

小玉的第二個（養生茶）與第四個（信仰宗敎）提議是可以考慮嘗試的，反正就算無效也沒什麼不好。第三個（禁食）太冒險了，除非有醫生協助，否則不適合採用。至於第一個方案，就算王老先生錢很多大概也不需要做這種嘗試，因爲其騙人的

可能性實在太高了。但如果眞的錢多付得起，比較有智慧的方法大概是，「既然道士宣稱一定治得好，那就等治好再付錢就好了。」如果道士不同意，非常高的可能性是，他只是個騙子。如果道士同意，而且病也好了，不管病好是否眞是道士的作用，或是不明原因的自然好轉，那也不用太追究了。

小結

哪些行爲是非理性的？

① 當心靈需要宗教慰藉，但思考仍被「科學」限制而無法信仰，這就是非理性的，因爲，科學還沒有到達可以確實否定宗教的地步。

② 當心靈不需要宗教時，相信那些與科學不符的宗教教義也是非理性的。因爲，科學在理論上說服力高於宗教。

遇到困難真歹命嗎？

在著名動漫《海賊王》的劇情中，草帽魯夫一行人在夏波帝諸島遭受慘敗，分散到世界各地。兩年後，重新聚集，實力驚人提升。

困難不僅是個阻礙而已，它也可以是轉機，端看我們如何面對。

問題

「眞是屋漏偏逢連夜雨，拜託老天別再給我找麻煩了！」這個態度有何不好？

哲學思考

　　不管是在日常生活中、求學時、或是在工作上，當我們遇到困難時，通常都會很生氣，很討厭，於是便開始怨天尤人，把氣好好發洩一下。當我們這樣想的時候，等於把困難當作絕對壞的東西，避之唯恐不及。姑且不論有可能會得罪人惹來更大的麻煩，反倒是浪費了一個學習思考能力的大好時機。而且，更重要的，困難這座山的背後，不知還藏著什麼樣的寶藏。

　　我在教「批判性思考」時，常常跟學生說，思考能力的訓練

有兩大階段。第一階段是訓練偵錯神經，也就是訓練一個發現錯誤思考的敏感度。當錯誤推理在日常生活出現時，我們可以迅速偵測到它，不要讓這些推理盲點害我們作出錯誤的判斷。而思考訓練的第二階段則是突破現有思考的眼界，開發新的視野。這個階段最重要的訓練時機就是日常生活中遇到的困難，在困難中尋找最佳解決之道。愈大的困難，挑戰愈大，訓練效果也愈好。而困難突破之後，往往會發現許多有趣的新事物、新觀點。

賭博論證的應用

① 如果相信「困難一定會帶來轉機」，那麼，遇到困難則努力克服，尋求轉機，這種態度只會有好處，不會有壞處。

② 不相信困難會帶來轉機，遇到困難則怨天尤人，這種態度只會有壞處，不會有好處。

③ 所以，相信「困難一定會帶來轉機」是較好的選擇。

在大三那一年，我很喜歡《易經》，和兩個學長一起上山拜師，從易學大師東方橋先生那裡學習《易經》的智慧。每週一次，天沒亮就得起床，冒著寒冷的冬雨，花一個多小時的時間，從永和騎機車到天母。光是這一段路的煎熬，就讓我每回想起來都感到年輕生活沒有虛度。而其中有一天的討論讓我印象特別深刻，談的就是困難。

在《易經》中，有一個卦叫做「困卦」，困卦就是遇到困難，其卦象是上兌下坎。兌即是澤的意思，而坎是水的意思。照理

說，水應該在湖面上，但此卦卻讓水到了湖面下，意即「澤中無水」，整個解釋就是「舟行澤中，澤無水，困。」也就是一艘在無水的湖中行駛的船。既然沒了水，船就不能動了，這意味著遇到了困難。那麼，遇到困難怎麼辦呢？有人可能會罵天不下雨，湖中無水簡直就是豈有此理。有人覺得莫名奇妙，為什麼會遇到這樣的倒楣事。有人會遷怒於朝廷政府，認為這是官員腐敗造成天怒。反正就是怨天尤人。這是我們遇到困難的習慣性思考方向。然而，如果有興趣提升自己，就不要做這種無意義的思考了。遇到困難就想辦法解決，但是，天不下雨有什麼辦法？我們又沒這麼多水可以灌滿整個湖泊。想不出正常的解決方法，就讓思考轉個彎，尋找變通的方法。

我們要船做什麼，要到對岸去嗎？那麼，既然沒水，騎馬過去就好了啊！或是走路過去也行啊！誰說到湖的對岸一定要搭船啊？既然湖中無水，脫離了習慣性的軌道，就不要拘泥在慣性的思考中，解放我們的思維，跳脫價值的束縛，奔向自由揮灑的思維世界。當我們可以跳脫傳統思維的束縛，轉個彎，尋找變通的方法，會發現那個未知的思維領地無限寬廣。這個困難，說不定還是一個最大的轉機呢？只要能夠跳脫習慣性的思考公式，最佳解決策略就在那裡等著我們。

有時，我們會讚嘆古人的智慧真了不起，因為，在《易經》困卦的卦象中間，竟隱藏了巽卦和離卦。大師解釋：「這就是和

風與陽光，象徵著新的希望。」也就是說，在古人眼中，困難只是表象，裡面卻隱藏著無窮的契機[2]。

　　當然，我們是永遠不會愛上困難的。有困難總會產生負面情緒，但是，當我們轉換智慧的眼光去看它、當我們可以看到與困難伴隨而來的新希望，或許，未來再度面對困難時，負面情緒會減少很多。如果一個人可以學會習慣性地駕馭困難，這個人未來要是不成功將會是一件很不可思議的事情。

　　困難常會阻止一個人前進，也經常帶領一個人進化；困難常常會讓一件事情停擺，也常常變成突破發展的契機；困難可以讓一家公司失敗，也可能讓這家公司脫胎換骨。問題的關鍵在於我們面對困難時，採取了什麼態度。當我們面臨前方無路可走的窘境時，才有可能發現，原來我們有著看不見的翅膀。當我們展翅高飛，反而會嘆息過去的自己為什麼如此淺見。這時，我們會感謝困難的出現。

　　以我的個人經驗來說，過去一直以為邏輯謬誤是非常簡單易懂的東西。第一次在邏輯課上教謬誤時，跟大多數老師一樣，只花一個小時就全部講完了。但是，我發現許多同學並沒有真正理解。我當時的想法是，「拜託，這麼簡單的東西還要我怎麼解釋呢？」這就是典型的遇到困難而怨天尤人的態度。但是，教學效果不好，我只好想想辦法。

經過多次的思考與嘗試，我找出許多可以提升教學效果的好辦法，其中之一就是在日常生活中尋找真正會出現的謬誤例子，並且用大量的例子讓人容易理解。為了尋找這些例子，我更深切發現，不只周圍的人很會製造謬誤，原來自己也很會製造謬誤。而且，後來也發現，其實我之所以無法解釋得更清楚，那是因為連我都停留在一種直覺判斷的階段，而這樣的判斷卻經常是錯的。從這個領悟出發，我進入了一個過去看不見的思維世界，這個世界讓我對各種謬誤的變化看得更徹底、更清楚，於是，我發展出一套效果良好的教學方法，這個方法嘉惠了許多學生，寫成書後也嘉惠了許多的讀者。這就是困難產生的轉機，如果沒有遇到困難，或是遇到困難後繼續怨天尤人，這一切都不會發生。

類似的例子在日常生活中其實經常上演，大多數人也或多或少都有類似的經歷。但若真要轉換眼光而且形成習慣去面對困難，則必須很刻意地去改變才行。困難出現時，記得提醒自己，不要只看前面這座艱困的山壁，打開智慧的眼光，看看山背後的光景。

小結

困難不僅僅是我們所看到的阻礙外型。接受它、剖開它，裡面藏有進化的果實。困難來了，運用智慧，它就是轉機。

---

2 解讀古文總會遇到一個疑問，這個智慧究竟真的是屬於古人的，還是屬於解讀者的？只要古人沒說清楚，這就會成為一個無解的問題。但基本上若不是在考究歷史，這種問題就可以不用管了。只要能從中獲取知識的養分，管它究竟來源如何，不是嗎？

堅持到底是對的嗎?

「一旦放棄的話,比賽就結束了。」安西教練對三井這麼說。於是,被激勵的三井奮戰到最後一刻,反敗為勝。

問題

「堅持到底,就會成功。」這句話應該沒錯吧?

哲學思考

多年前,日本漫畫《灌籃高手》感動了許多人。這是一群高中籃球員奮戰不懈的故事。即使在落後很多的情況下,即使敵方實力強大,即使受了傷,「絕不放棄!」在這種信念帶領下,他們擊敗許多強敵。

「堅持到底,就會成功。」

這句話是很多人的座右銘,尤其當我們正在與一波接著一波的困難搏鬥時,挫折不斷削弱我們的意志,這種堅強的信念便是

三、人生篇

持續下去的動力。歷史上有許多在不斷失敗後成功的真實案例，這些故事讓我們更加相信這個座右銘，並且激發持續努力的決心。

　　國父在革命成功之前，歷經十次失敗，但仍舊努力不懈，迎來最後的成功。美國職籃球星林書豪也曾在不受重用、屢被球隊放棄的情況下，在 2012 年等到一次機會證明了自己，而在全世界暴紅。許多成功的商人、著名的影視明星，也常常有著辛酸的奮鬥史。而許多大學老師們也用自己求學的例子來鼓勵學生，尤其出國留學者，在語言、環境、經濟問題、高標準、高競爭、風俗不同等各種艱辛與挫折中，持續努力，最後終於拿到學位而回國任教。這許多的事蹟，都可以做為我們的借鏡。尤其當我們正處於逆境中，想像持續的努力將可以獲得成功，這會強化我們勇往直前的精神力量。

　　然而，堅持到底真的一定會成功嗎？

　　當然不是，我們可以舉出更多堅持到底卻又失敗的例子。但這時或許有人會反駁說，「那是因為他們並沒有堅持到最後。」這個說法就等於把「成功」定義成「堅持到最後」，而尚未成功時就等於還沒有到最後，這樣的定義會變成一個循環定義，這個說法就會變成「堅持到成功就一定會成功。」雖然這個說法一定是對的，但基本上是沒有什麼意義的廢話。

那麼，我們放棄這種定義，認清一個事實：「當一個人決定要做一件事，遭受了許多阻礙，雖然這個人繼續不斷的努力，但最後還是失敗。」這種可能性是存在的。而且不僅是存在而已，甚至還是多數。歷史上有多少人像國父一樣進行革命，企圖推翻腐敗的政府？書本上看到的大多是成功的例子，因為成功者受人矚目，但默默無名的失敗者卻可能有成千上萬，只不過歷史容不下他們的名字。在美國有多少人像林書豪一般做著美國職籃明星夢？但最後無論如何堅持都以失敗收場的人又有多少？那些創業失敗的、闖蕩演藝圈失敗的、出國念書沒拿到學位的，這些人都不夠努力嗎？不夠堅持嗎？但是，最後還是不能成功。這些人的數量不知是成功者的多少倍。

論證	① 在歷史上，失敗者雖是成功者的許多倍，但失敗者比較不會被寫入歷史，就算被寫入也通常比較不會被重視，因此，當我們讀歷史時，大多會讀到成功者的故事。 ② 在日常生活中，成功者喜歡跟人說，失敗者通常不願意讓人知道。報章媒體也喜歡報導成功者的故事，因此，在日常生活中，我們比較容易聽到成功者的事蹟。 ③ 所以，在社會上，無論念書、觀看報導、或甚至與人談話，即使失敗者比成功者多很多，我們還是比較容易聽到成功的事蹟。這誤導我們以為「成功很容易」的假象，以為「只要努力與堅持就會成功」。

　　除了努力堅持之外，成功所需要的因素很多。努力不是成功

的充分條件，甚至還不見得是必要條件。或許，我們可以說它是重要條件，若不努力與堅持，成功的機會很低。但是，不要被座右銘沖昏了頭，因爲，努力堅持未必會成功。

然而，有人或許會反駁說，座右銘的功用並不是要告訴我們真相，而是給我們信心，給我們額外的力量去突破困難。當我們擁有這樣的力量時，比較容易克服連續襲來的挫折，而走向成功。

是的，這的確是座右銘該有的功用。但是，這樣的功用有時會導致不良後果。有些人明明不適合做某些事情，爲了夢想，還是努力去做，這樣的人遇到的挫折會更多，而一旦努力堅持之後出現了奇蹟，故事會更動人。但是，奇蹟不會發生在每個人身上，一個人的成功若必須期待奇蹟的發生，那麼，最後把整個人生輸掉的機會更高。在挫折中，除了需要繼續努力的精神之外，我們還需要理性的評估，是否是該放棄的時候了。

放棄夢想，其實需要更大的勇氣。

愈早放棄一個不適合自己的夢想，就愈有機會去追尋另外一個更適合自己的目標。但重點在於，我們如何判斷何時該放棄，又何時該堅持？

國父願意用一生的失敗來賭上一個奇蹟的成功，在這種意志與信念下，他可以賭。林書豪早已證明自己實力夠強，他需要的只是一個被重用的機會，那麼，他可以繼續堅持下去。

我在念研究所時，某一次的課堂上，有位老師把一個學生的想法批評得一文不值。下課後，我私底下對這位老師說，「批評這麼嚴厲不太好，會讓學生沒有自信。」結果老師卻回答說：「認識自己很重要，如果認為自己不適合繼續念書就不要繼續念了。」當時我很不以為然，老師不是都應該鼓勵學生嗎？哪有叫人家放棄的。後來，我發現，提早認清自己是否適合追求某個目標，原來真的是件很重要的事情。很多事情不是靠努力與毅力就可以達成的。追逐錯誤的夢想將可能蹧蹋一個人非常重要的黃金歲月。而這樣的損失是難以彌補的。

當我們確定了自己的夢想，在理性評估後，認為自己適合走這條路，那麼，相信這個座右銘：「堅持到底，你一定會成功。」但是，在此之前，不要盲目的相信努力與毅力可以創造奇蹟。或者，當我們遇到難以突破的困難時，也思考一下，這是不是一個該放棄的時候了？讓理智來決定，不要讓削弱的意志來左右你的判斷。挫折感可能會讓人太早放棄一個夢想。

當然，如果你的目標只是短期目標，就像《灌籃高手》中的一場比賽、或是一段高中社團生活，那就全力以赴吧！即使最後失敗了，至少曾經努力過，也能無怨無悔。但如果想做的事情，需要耗費整個青春歲月，那麼，何不好好做個更理智的選擇呢？若你的夢想是值得用一生去賭的，那就賭上你的一生去創造奇蹟吧！人類社會總需要有這種動人的故事流傳。

小結

　　如何認清自己是否繼續堅持夢想，或是何時該放棄了呢？

　　通常在努力過程中的人是很難做這種判斷的。當自己感到懷疑時，最好的方法是請教相關領域專家的意見。

　　「老師，我適合走學術路線去攻讀博士學位嗎？」

　　「師父，我適合練九九神功嗎？」

　　專家通常會給你一些很有用的意見，再依據這些意見來做自我評估。

　　傳說中，哲學家維根斯坦（Ludwig Wittgenstein，1889～1951）在學生時代曾經很懷疑自己是否適合念哲學，於是他去請教當時著名的哲學家羅素（Bertrand Russell，1872～1970）。羅素要他利用假期寫些東西來讓他判斷。假期過後，他寫下一些想法給羅素。據說，羅素只看了第一句就回答說，「你非常適合念哲學」。依據這個傳說，許多人猜測這一句話應該就是維根斯坦所出版的第一本書中的第一個命題，「世界就是所有事實的總和。」這句話的確有這樣的資格，因為，有別於人們通常認為的「世界就是一切物質（東西）的總和」，它開啟了另一種看世界的眼光。

只要我喜歡，有什麼不可以？

五、六年級生可能看過一部感人的卡通《小英的故事》：
劇中富有的爺爺反對爸爸與媽媽結婚，甚至不惜斷絕父子關係。
到了老年，卻孤獨地等待著兒子回家繼承事業。
但等到的，卻是兒子的死訊。

問題

我不想念書，做一個中輟生，
又不影響別人，有何不可？

哲學思考

　　2012 年 6 月，新聞報導一群臺灣高中女生的性感舞步畫面出現在日本成人網站。很多人認為動作太火辣，學校和家長應該要干涉。也很多人認為這是個人自由，應該要尊重。尤其愈年輕的人，就愈強調個人自由。「只要我喜歡，有什麼不可以？」這是許多新新人類的價值觀。

　　這句話表面看來很嗆，除了說話的人以外，大概不會有人喜歡。因為我們不希望別人的任意作為來干擾自己，所以，從這角

度來看是沒什麼爭議的。在一個社會中，如果多數人不顧慮別人，我行我素，這社會一定很混亂，對每個人都不利。這當然不是一個好的社會風氣。

然而，這樣解讀是不當的。通常，說這句話的人不是這個意思。應該不會有人真的覺得整個社會都要配合他，雖然或許有人在行為表現上是如此，但通常是在不知情的情況下。這句話的正確解讀應該是，「在不（嚴重）影響別人的情況下，只要我喜歡，有什麼不可以？」這樣的觀點就很值得討論了，這也是當代自由主義風潮下的自然產物。

自由主義思潮認為：「我們要尊重別人的想法，包容異己，在這個多元社會裡，本來就有許多各種不同的想法與人生態度，讓這些同時存在才是一個理想社會的風貌。」

在自由主義氣氛圍繞的校園裡形成一個價值觀：「尊重所有人的發表言論與思想的自由。」甚至也主張尊重一切不嚴重影響他人的行為。例如，我們尊重同性戀的自由，我猜想，即使在美國極具爭議的同性戀婚姻法在臺灣立法完成，在臺灣校園裡可能不會有什麼反對聲音[3]。相反的，如果禁止同性戀的條文通過說不定會引來一批大學生抗議，捍衛別人的同性戀權。為什麼呢？簡單的說就是要尊重別人的不同選擇，這樣的價值觀已經逐漸成為一股新的價值風潮。所以，一般來說，只要不影響別人的事情，我們就給予尊重。而對於那些僅稍微影響別人的事情，我們

---

3 臺灣於 2019 年 5 月 17 日，立法院三讀通過《司法院釋字第七四八號解釋施行法》，並於同年 5 月 24 日正式生效，為亞洲第一個同性婚姻合法的國家。在臺灣校園中，確實少有反對聲音。

也盡量尊重。

　　從這新價值觀來看，如果有人劈腿，但被劈腿的人也沒什麼意見，那麼，我們便不應該去譴責劈腿者。對於那些不珍惜自己生命，不理會醫生警告仍舊大吃大喝的人，我們也不應批評，因為，我們必須接受人們對他們自己生命的不同安排。對於不求上進、沒有計畫、生活混亂、得過且過的人生觀就更不知道該如何批評了。而且，如果你認為隔壁鄰居家管教小孩的方式不對，你也傾向於不會去說什麼，因為，前去干涉會被認為是多管閒事。

　　當我們把自由的風向轉向自己，拒絕被人干涉，就可能會產生各種「只要我喜歡，有什麼不可以的想法」。

　　「我是一個男人，但我不想工作，父母願意養我，又不影響別人，有何不可？」

　　「我是一個女人，我不想結婚，我高興交很多男朋友，有何不可？」

　　「我不想念書，做一個中輟生，又不影響別人，有何不可？」

　　「我喜歡抽煙、喝酒、嚼檳榔，不想理會健康警告，不偷又不搶，有何不可？」

從一個尊重別人自由的角度來看，這些或許都沒錯，而本書實際上也充滿著類似的觀點。「尊重別人不想和自己繼續交往的自由」以及「道德理想上應該只用來自律而非律他」等等。這種自由主義思潮可以說是當代的特色，現代人會在不特別反思的情況下自然而然的接受這些觀點。我也不例外。

　　然而，有一天，我和時任陽明大學心智哲學研究所所長的洪裕宏教授在信義計畫區某戶外咖啡店閒聊。我們看著人來人往的街道，各色各樣的裝扮，呼吸著自由的空氣時，在這多元文化下的生動社會裡，洪老師提醒了我，這種自由風潮也有其隱憂。難道干涉別人就一定不好嗎？而且，這樣的反干涉風潮是否也過度了呢？

　　這種不該干涉別人自由的價值觀，充斥在目前我們所追求的多元社會目標中，彷彿只要干涉別人就是違反追求多元社會的信條一般，因而形成了一個大家必須遵守的新規範。然而，這種「尊重別人選擇而任由別人死活」的態度真的是一個好的社會價值觀嗎？這真的是一個理想的社會型態嗎？這似乎有待商榷。例如，有個同學沉迷於線上遊戲都不來上課，難道無論如何我們都應該尊重他沉迷電玩的自由？可能的理由是，在多元發展中，搞不好他有一天會成為電玩高手而飛黃騰達。然而，事實上，這樣的可能性實在太低了。如果某一個好友干涉他的自由，強迫他回學校上課，這樣是否會更好呢？

論證 A

① 有個同學沉迷於線上遊戲不來上課。

② 他的行為並不干擾別人。

③ 在不干擾別人的情況下,每個人有權選擇其生活方式。

　（自由主義精神)

④ 因此,我們不該干涉他的自由。

論證 B

① 有個同學沉迷於線上遊戲不來上課。

② 干涉這位同學的自由對這位同學來說應該有比較多的好處。

③ 既然能讓同學往更好的方向走,不管他個人選擇如何,我們應該干涉他的自由。（干涉主義做法)

④ 所以,我們應該強迫他到學校上課。

　　有些人有理想、對生活有更多的省思、對管教小孩有更好的想法、對愛情有更美的觀點、對人們的美好生活有更多的執著,這樣的人是不是應該在社會上發揮更多的影響力呢?這樣的人是不是應該更主動去干涉別人的生活,在不影響多元社會的情況下主動給予人們一些建議,主動告訴別人其實有更好的生活方式。那麼,這些人是不是能夠在做這些事的同時不會被冠上一個干涉別人自由的罪名?或許,我們該重新省思這種所謂的「自由主義精神」,以及重新再思考什麼樣的社會才是一個更為理想的社會。

　　但是,很多社會大混亂也是由這種干涉主義引起的。希特勒

想建立更好的國家，他自認為有更好的想法，於是展開了一場可怕的屠殺與戰爭。類似例子在歷史上多不勝數。這也是自由主義精神能夠防止的禍事。問題就出在，當自己很有信心的認為某件事情是最好的時候，它不見得就真的是最好的。當權者（包括一家之主）在沒有先醞釀共識或慎思明辨之前貿然執行干涉行動，就可能釀禍。

那麼，在干涉與自由之間，是否存在有一個更適當的中間點呢？我認為，這裡面最大的問題應該在於干涉的方法。多年前有一部被廣為討論的印度電影《三個傻瓜》，裡面就談論著家長嚴厲干涉子女所導致的各種悲劇。家長通常認為小孩還太天真，無法真正判斷自己喜歡的是什麼，因此直接幫小孩做「最好的」決定。甚至從一出生，就指著嬰兒，「將來他會成為工程師」。這樣的干涉屬於強迫性質的干涉。我們不會希望社會走上這個回頭路。然而，如果只是口頭上建議的干涉方式，我想這應該是比較可以接受，甚至應該要鼓勵的。但當代社會新價值觀風潮卻甚至極端到連這些都認為是一種不當的干涉，「這老頭還真囉唆」「我有自由不想聽你說教」。這些想法應該是自由主義思潮下的不當產物。

我們應該積極的宣傳以及鼓吹什麼才是更好的生活，但在這個同時，也還是尊重別人的不同選擇。或許，這會是一個比較好的社會型態吧！如果我們認為這種「適當的」干涉別人是好的，

那麼，是不是也應該接受別人「適當的」干涉呢？如果是的話，我們就必須改變這種「一定要尊重我的個人自由」，以及「尊重別人選擇並任由他人死活」的態度，而開始學習這種干涉與被干涉的新生活模式了。

小結

　　如果只是以建議方式的干涉，而不是強迫的干涉方式。我想這應該是大家要學習接受的。如果有好的想法，主動說給別人聽，但不要以自己的想法一定是最好的這樣的態度來說。相同的，當別人在提供建議的時候，也尊重（甚至歡迎）這種型態的干涉。我想，這會是一個比較好的中間點。

宗教都是勸人為善的嗎？

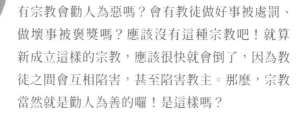

有宗教會勸人為惡嗎？會有教徒做好事被處罰、做壞事被褒獎嗎？應該沒有這種宗教吧！就算新成立這樣的宗教，應該很快就會倒了，因為教徒之間會互相陷害，甚至陷害教主。那麼，宗教當然就是勸人為善的囉！是這樣嗎？

問題

佛教勸人為善、基督教也勸人為善。因此信仰哪種宗教應該都差不多吧？

哲學思考

「哎呀！每個宗教都是很好的，因為宗教都是勸人為善的啊！」

這句話是我小學六年級的時候說的。當然，不是我發明的，而是常常聽到大人這麼說，覺得很有道理，所以也就一直這麼相信著。當時跟幾個鄰居小朋友到教會玩，當牧師第一次跟我們傳教的時候，他希望我們不要排斥基督教。為了讓他知道我們不排

斥，所以說出了上面那句我自以爲毫無問題的話。然而，雖然牧師並沒有當場反駁，但他的神情告訴我，他並不同意這個看法。這個反應讓我很疑惑，「這句話怎麼可能是錯的呢？」

之後，牧師特別爲我們這些野孩子開了一個少年團契，讓我有機會眞正接觸《聖經》故事，這也讓我逐漸明白，「原來基督教是反對其他宗教的。」但好長的一段時間，我還是認爲多數宗教都很好，都是勸人爲善的。直到接受哲學洗禮之後，才逐漸改變這個觀點。

事實上，這種「每個宗教都一樣好」的觀點充滿在這個社會上，當這樣的想法說出口，除了某些教徒之外，很少會有人出言反對。而實際上，從某些角度來說，這也是對的，但裡面卻隱藏了思考的謬誤。

我們可以只針對幾個大宗教來討論，暫且就不管那些（不是眞的勸人爲善的）騙人小宗教了。那麼，這些大宗教是否都是勸人爲善呢？要回答這個問題的第一個考慮是：「這些宗教是否都贊成大家要行善事？」如果我們去問教中長老這個問題，教中長老應該會回答，「沒錯，我們都應該做好事。」如果眞是如此，那我們是不是就可以說，這些宗教都是勸人爲善的？

問題就隱藏在這裡。即使這些教中長老都支持行善，但他們心中的「行善」是否一致？標準是否與社會觀點相同？也就是

說，當我們說宗教要人「行善」時，這個「行善」的意義是否真的可以適用於這些宗教以及世俗標準？答案顯然是：「否」。

<table>
<tr><td rowspan="1">論證</td><td>

① 假設只有考慮 A、B、C、D 四大宗教（先將它們當作所有宗教）。

② A 宗教勸人爲善。

③ B 宗教勸人爲善。

④ C 宗教勸人爲善。

⑤ D 宗教勸人爲善。

⑥ 所以，宗教都是勸人爲善的。

這個論證是有效的（當①～⑤的前提都爲眞時，結論⑥必然爲眞）。

但是，先決條件是，論證中所使用的相同詞彙必須從頭到尾都具有完全相同的意義，否則便犯了「歧義的謬誤」。這會使得論證轉變成無效論證。
</td></tr>
</table>

　　舉例來說，「拋家棄子」是善嗎？以佛教來說，如果拋家棄子是爲追求證悟則是善。不然，我們如何看待離家出走的佛陀呢？佛陀本爲一國的王子，上有父母，下有子女，又有繼承王國的使命，但他離開這一切去修行。這個行爲從一般沒有佛教信仰的世俗觀點來看則爲惡。而從中國傳統儒家的角度來看，佛陀是個不忠不孝之徒。另外，「禮佛」是善嗎？以佛教來說是善，但是以基督教或天主教來說，則是犯了「十戒」中崇拜偶像與不把上帝當唯一眞神的大惡事。

「殺人」是惡嗎？大多數的宗教都反對殺人，即使是殺仇敵也不贊成，但是在回教教義裡認爲在保衛聖土發起的聖戰中殺人是可以接受的。「殺生吃肉」又如何？回教反對吃豬肉，但吃其它動物沒什麼關係；基督教不強烈反對；佛教大多反對但並不強迫信徒吃素。

　　諸如此類能找出的例子非常的多，此處僅舉出幾個比較明顯的例子，即使各大宗教都主張行善，但是行善的標準卻不相同，宗教之間有許多不同的觀點，當我們說他們都主張行善時，這個「行善」兩字並沒有一個客觀的標準。或許我們可以說，「各大宗教都主張大家依照各宗教的行善標準來行善。」然而，這樣的說法是沒什麼意義的。因爲，既然這個宗教認爲 A 是好事而 B 是壞事，就不可能叫人做 B 而不做 A，否則他們的教義就不會這樣定了。

　　或許，有人會反駁說，至少這些大宗教都主張人們應該要幫助別人。我想這沒有問題。但是，問題是一樣的。追根究底，怎樣的行爲才算幫助別人？買一個佛像送人算不算幫助別人？宣揚福音算幫助別人嗎？殺一頭豬餵食飢餓的人又如何？不同的宗教，一樣有著不同的標準。只要標準不一致，就不能一概而論。

　　其實，若以一般世俗對善惡的標準來看，我想大概沒有一個

宗教眞的符合「勸人爲善」的標準。因爲宗教的主要目的並不是一個世俗標準的勸人爲善，而是尋求人生的解脫。宗教的眼光不是放在這個世間，而是放在一個更超越的目的。從一個超脫的眼光來看，宗教的確是勸人爲善，但不同的宗教對於超越人世間的觀點不同，因此也有不同的善惡標準，而這些標準與世俗標準並不一致。

小結

在一個推理中，我們所使用的詞彙必須從頭到尾保持完全相同的意義。否則，這樣的推理只能造出一個似是而非的謬誤。這類謬誤容易混淆我們的思維，甚至導致許多錯誤的抉擇。

最夢幻的工作是什麼？

> 小王：「小花，妳希望未來做什麼樣的工作？」
> 小花：「我希望未來的工作像商人一樣的高收入、像醫生一樣受人感激、有科學家的樂趣、哲學家的自由、藝術家的生活美學、政治家的權力、以及最重要的，像學生一樣的沒責任。」

「錢多、事少、離家近；位高、權重、責任輕。」有沒有這麼夢幻的工作呢？

哲學思考

　　在人的一生中，超過一半的時間在工作，無論是有薪的或是無薪的。而且工作的這段時間是人的精華時期，因此，選擇什麼樣的工作，就幾乎等於選擇了什麼樣的人生。

　　「錢多、事少、離家近；位高、權重、責任輕。」這似乎已經成了多數現代年輕人工作的最佳選項。當然，並非所有人都如此，但至少，以此為目標的比例應該比過去都還要高。這大概也算是一種時代的趨勢吧！然而，這有什麼不對嗎？其實也沒

三、人生篇

什麼不對，只是一種對生活方式的選擇而已。而且，這樣的期許應該從古至今都是多數人的期待，只不過現代價值觀的改變，以及強調個人決定自己生活的自由，這讓人比較勇於把這樣的想法說出口，並且去實踐它。

這種選擇所呼應的，是人性對於生活安逸的需求。雖然，好逸惡勞是很自然的一種人性渴望，但仍然有很多人並不隨著這個本性生活，卻選擇回應別種天性，走上不同的道路。

我從專科時代開始，就期許自己未來能成為一位大學老師。理由很簡單，因為有寒暑假，而且薪水也不低。相對於同年齡的其他人來說，這個想法算是比較另類的。因為，多數同學希望未來能賺大錢，但老師這個工作基本上缺乏這種潛力。我當然也不是對賺大錢沒興趣，只不過從對個人的了解來說，擁有多餘的時間，和擁有多餘的金錢兩者相比，我寧願選擇時間。這個選擇並不是為了少做事，而是希望可以有多餘的時間做做其他自己喜歡的事情。不為金錢、不為責任，而是為了興趣。就像現在一樣，寫作。

做一個中、小學老師也有寒暑假，而且薪水也不低，為何特別希望當大學老師呢？這個選擇呼應了我的另一個渴望。我喜歡探索與研究。大學老師除了一般的教學工作之外，同時兼具研究學者的身分，探索未知。這會帶給我極大的成就感。當然，教學也是，每當教出一、兩個能力卓越的學生，都會產生很大

的滿足感。這種選擇工作的考慮並非依照一個好逸惡勞的心理，而是對成就感的追求。

有些人選擇當醫生，目的並不完全是因爲高收入，而是希望能濟世救人；有些人選擇當警察，希望能將壞人繩之以法，還給社會一個公義；有些人選擇中、小學老師，走向窮鄉僻壤，幫助那些被社會遺忘的孩子們，讓他們也有機會站上世界的頂端；也有些人選擇遠離世俗，出家修行，期待能領悟大道。許許多多的人抱持著不同的理想，走向不同的方向，希望能實現他們的夢想。不管成與敗，他們都活出了某種發自生命內在的意義。這些跟選擇依據安逸之心過生活的人們比較起來，最大的不同在於，這樣的生活會多一些充實的快感，並且讓人有個無怨無悔的一生。

有些人選擇在職場上奮鬥不懈，跟隨人性對於權力的渴望，呼風喚雨，無論在哪一個工作領域，都希望能登上頂峰；有些人依據天生的物質欲望，希望享有奢華的生活，開跑車、住豪宅；也有些人呼應著對平靜生活的期待，因而尋找一個穩定而簡單的工作。針對不同的人性需求，我們做出不同的選擇。有人成功，有人失敗，成功者通常會想要滿足其他欲望，因此轉彎前進。失敗者可能被迫放棄某些欲望，或是走向投機取巧的歹路。

依據不同的人性欲望，人們選擇了不同的工作種類。那麼，

是否存在有最夢幻的理想工作呢？最夢幻的工作當然就是能夠呼應人性所有期待的工作。光是前面提到的錢多、事少、離家近以及位高、權重、責任輕還是不夠的，還要有成就感、滿足夢想、另外最好還很穩定以及工作內容簡單等等。然而，有這樣的工作嗎？基本上不太可能會有，因為某些期待是互相衝突的。

　　例如，想要滿足成就感與夢想，就不可能簡單與事少。沒有人會把一件容易做到的事情做為自己的夢想，就算刻意這樣做也不會有滿足感。另外，事情少雖然輕鬆愉快，但通常很難會有成就感，除非這件事極端困難，但要克服困難的事情通常需要一段艱辛的努力過程，這就無法呼應好逸惡勞的內心渴望了。另外，想要掌握大權，通常就必須肩挑大責，除非是個沒有責任感的人，否則就必須忍受極大的壓力。而沒有責任感的人在享有大權時，常會把事情搞砸，那就必須能夠忽視眾人輕視的目光，但這又會跟成就感背道而馳。受雇於人就很難自由自在；而自己當老闆就不可能沒有風險的壓力。

　　人們在抱怨自己的工作時，通常只看到工作的缺點；但在看到別人的工作時，通常只看到其優點。這樣的眼光讓我們始終對自己的工作感到不滿。只要集合所有人工作的優點（包括自由業的自由自在），這就會是一個最夢幻的工作。但不會有這樣的東西。

① 集合所有優點的工作是最夢幻的工作。

② 許多工作的優點互相衝突，無法兼顧。

③ 因此，這種夢幻工作是不可能存在的。

簡單的說，沒有任何工作剛好可以滿足所有人性渴望。呼應一個人性需求，通常就必須犧牲另一個天生的渴望。想要離家近，就必須放棄遠地方更好的工作；想要錢多，通常要做的事就會多、或至少責任大；想要事少，通常就沒有成就感。那麼，客觀來說，理想的夢幻工作其實是不存在的。然而，雖然不具有一個普遍對所有人來說都很理想的工作，但針對那些已經克服了某些人性弱點的人來說，這種理想的工作或許是有可能的。

有些人已經習慣勤勞，這樣的人不怕事情多，既然不介意事情多，當能力夠強時，期待收入高一些便不會有任何衝突。對於願意付出努力、甚至在努力中還能甘之如飴的人來說，追求較高的成就感是比較容易的。而對那些物質欲望較低的人來說，追求平淡而穩定的生活也能很快活。

也就是說，雖然沒有一種工作可以呼應全部的人性渴望。但是，針對不同類型的人，我們可以思考對自己最適合的工作型態。讓我們調整自己的心態與內在渴望，讓我們所追求的，就是對自己來說最夢幻的工作。我想，這是有可能辦到的。只不過，我們必須好好觀察自己，思考與選擇一個最適合自己的道路。選擇去滿足某些欲望，並且克服那些會產生衝突的心理障礙。若想

要過安逸、不努力的生活，最好能捨棄那些需要努力才能完成的成就感與夢想，像是成為演藝巨星或是大科學家。若能做到，生活也能很快樂。但若捨棄不了，未來會不斷被這些欲望折磨。反過來說，若想要追求成就感與夢想，就必須有更多積極與主動，克服好逸惡勞的習性，否則內心將不斷產生衝突。

當然，工作可以有很多個，無論是有薪或是無薪的志工，而且，工作之外也可以有其他興趣來填補不同的內心欲望。但人的時間與精力卻是有限的，提早計畫，愈早開始走向屬於自己的方向，成功的機會就愈高。

小結

沒有任何一個工作是適合所有人的。當我們看到別人工作好的一面時，不用羨慕。因為所有工作都有其相對壞的一面。每個人特質不同，適合的人生方向與生活型態也不同，對個人來說最夢幻的工作也都不一樣。早點思考、早點規劃，早點撇開什麼好處都想要的心態，這樣走起來會順利許多。

我們應該追求什麼樣的人生？

如果你有一支可以任意操作周圍一切的
神奇遙控器，你會怎麼做？
當你這麼做之後，會感到此生了無遺憾了嗎？
還是最後會像電影《命運好好玩》（*Click*）
劇中主角麥叮一樣，把這麼棒的東西丟到垃圾桶？

問題

我應該升學還是就業？堅持還是放棄？
如何判斷人生該往哪個方向走呢？

哲學思考

　　從出生開始，每一個當下，內心的欲望對自我提出各種要求。為了滿足這些要求，人們展開一連串的競爭與追逐。簡單地說，我們在不知不覺間，被這些欲望驅使而生活著。

　　雖然，心裡同時擁有許多欲望，但我們通常只會看到最強烈的一個，當這個欲望被滿足，或是被放下，另一個欲望才會明顯出現。

　　生病的人心裡排斥著身體的不適感，內心只想趕快好起來，

在期待健康的欲望驅使下度過每一天；戀愛中的人只想趕快見到情人，沉迷於愛情欲望的使喚；想睡的人只想趕快回到床上；而飢餓的人，腦中只有食物。有人對權力著迷、有人熱愛富貴、也有人更重視功名與成就。人們大多數的時間被這些人性基本欲望所掌控，雖然很少去思考「我們應該追求什麼樣的人生」，但是，每個人、每一天、每一刻，都在期待與追求。這些欲望，幾乎就已經填滿了多數人的一生。

當我們習慣被這些生活瑣事與功名利祿占據全部的心思，或許會在某些時候，產生一種特別的情緒，一種厭煩感，對這一切失去興趣。在這種特殊時刻，內心對未來感到惶恐，「難道這一生就只是這樣了嗎？」這時，另一種平時少見的欲望就會出現。這個欲望因人而異，有時只是期待生活更有意義；有時希望有更多挑戰與夢想；或是期待更寧靜與平和的生活；也有的時候，期待跟人有著屬於心靈的互動，像是簡單發自內心的問候，或是對於助人感到真實的喜悅。

當這些較深層的欲望短暫出現之後，過不了多久，多數人就會被那些原本占據心思的各種欲望湮滅，回到原來的生活。但也有些人從此打開心眼，讓這些深層欲望從此停留在意識的觀察範圍，展開不同的人生。於是，社會上出現另一種人，做著與眾不同的事情。企圖滿足更內心的欲望，生活在更為靈性的生命之

中。

　　而這一類人總會在某些更為特殊的時機，連這些較深層的欲望都不再能感到對生命的滿足。在這種情況下，更深層的欲望就會出現在意識中。同樣的，有人忽視、也有人重視。重視的人打開心眼，走向另一個層次，因而產生出另一種人、另一種生活方式。

　　愈往內心底層，看到的欲望就愈深刻，滿足後的充實感就愈強，生命也獲得更大的喜悅。直到有一天，我們接觸欲望的底層，發現了很奇特的自己，那裡似乎有個永遠無法被填滿的無底深淵，一種徹底的虛無。愈是觀察它，內心就愈不安，而且完全無法想像這樣的欲望將如何被填滿。於是，有些人認為這是一條錯誤的人生方向而走回頭路，重新追求人性最原始的欲望。但也有人選擇去征服它，因而出現了求道者，希望能讓人生終歸圓滿。

　　西方自丹麥哲學家齊克果（Søren Kierkegaard，1813 ～ 1855）開始，專注在人類深層的虛無與荒謬感，發展出一套稱之為「存在主義」的哲學。這套哲學的一大特色是經常以小說形式來表達。著名的代表人物有尼采、沙特、卡繆、卡夫卡等。存在主義曾經席捲世界各地大學校園，連臺灣也不例外。

與存在主義接近的東方思潮應該算是佛教，其以苦爲求道的開始，但佛教較強調如何離苦得樂的解脫，以去除「我」來根本解除魔咒。存在主義則較著重在對虛無人生本質的描繪。

　　在這條路上，有人宣稱得道，終於達到滿足人類最終渴望的目的，如同與天地合一。但是，我們無法確知那究竟是怎麼一回事，因爲古人說，這種大道是無法被語言說清楚的。但也有許多人宣稱，他們隨時可以進入這種天人合一的境界，不用花太多努力，只要花點小錢，買足夠量的毒品即可。

　　也有人主張，這個無底深淵是不可能被滿足的，唯一解脫方向是去忽視它，「放下一切。」於是，出現另一種人生態度，從滿足各種欲望的路線跳脫出來，不再隨欲望起舞，停止回應內心任何欲望的驅使。這種態度讓人心回到沒有目的的本來狀態，「山自淸、水自明，喧囂鬧市也如蟲鳴鳥叫。」這種看似從欲望迷宮出來的快感，也讓人宣稱悟道。但我們也無法確定，這種悟道是不是就是人生的意義。至少，一切欲望都還在，人也難以停留在這種無欲的狀態。生病時繼續渴望健康、飢餓時繼續渴望食物。這僅是一個短暫的態度，離開了這種超脫的態度，我們繼續過著不滿足的人生。

　　也有古人說，這種狀態只是一種覺悟，眞正的成道還需繼續修行，直到不再被欲望所困擾。然而，或許未來的腦外科手術，或某種抑制大腦活動的藥物可以協助我們達到這種境界，讓我們

不再受欲望驅使，或甚至不再有欲望。只不過，我們難以確認這麼做的價值何在，以及這是否就是我們應該追求的人生？

自古至今，許多人對生命提出解答，也有人藉由神佛、外星人、甚至高級靈界的名義來告訴我們什麼是正確的人生方向。如果我們仔細評估他們所說的，不要為求統合而曲解，那麼，我們可以發現其解答確實不同。也就是說，如果真有一條人生正確的道路，我們便可以推理出，這些我們所尊崇的古人的說法，至少半數以上是錯的。

論證	① 我們所尊崇的古人給我們的人生解答都不盡相同，而且互相衝突，至少半數以上互相無法統合。 ② 互相衝突的解答不可能同時都對。 ③ 因此，這些解答中，至少半數以上是錯的。

但是，這些古人似乎對自己的觀點都很有自信。那麼，我們可以進一步的推理，這些人要不是在騙人，就是自己也搞錯了。然而，卻至少有半數以上的現代人以信仰的態度跟隨著這些錯誤的學說。怎麼辦？

當然，或許正確的人生道路不只有一條，如果真是如此，上面的推理就無法成立了。但如果我們這麼想，就必須接受，別人不同的人生道路也有可能是正確的。但如果我們堅持認為正確的

道路只有一條，那麼，自己所信仰的至少有一半以上的機率是錯的。認清這個事實，我們必須謹慎選擇信仰，看看能不能找到一個好理由來說服自己：「我正走在正確的人生路上。」

也或許，根本沒有所謂的正確的人生道路。許多人主張，「這一切關於人生意義的想法都只不過是在沒有基礎的思路上建築起來，用以撫慰人心的美夢。」如此一來，活得快樂就好，想這麼多，也只是庸人自擾而已。

然而，這也只是一種人生方向的選擇。事實上，看不到不見得沒有、想不到不見得沒有、無法證明不見得就不是事實、脫離了理性思考也未必就無法相信。人的認知有很多類別，追求解答也有很多方法。信仰是一個選擇、信仰哪一種學說也是一個選擇、而選擇不信仰也不過是另一種選擇。那麼，我們究竟應該追求什麼樣的人生呢？

我認為這個問題可以暫時放下，既然無法確定正確的人生只有一條，那就不要去問「我們」了。把問題改成，「我想要追求什麼樣的人生？」我想，這是比較容易獲得答案的問題，而解答就在每一個人的心裡，只有靠自己能發現它。至於這個解答是不是就是正確的人生方向？我想，這個問題將很難會有答案。

許多人勉強用別人的解答來過自己的生活，反而把人生愈過愈畸形。有人說，「正確的人生方向是應該要多去幫助別人。」

但是，當一個人還沒發現自己助人的欲望，思想還完全停留在富貴名利的渴望時，勉強去助人並不能滿足深層內心，反而只想著助人所獲得的福報，以及福報將帶來的富貴。這種助人的行為缺乏感動的內在呼應，對人心的成長也毫無助益。仍舊活在表層欲望的操控下，無法獲得靈性的喜悅。

　　想要成為一個人生的探索者，想要追求更美好的生命型態，甚至想要尋找正確的人生方向。我想，尋找自己內心真實的感動，以及認識真實的自我，這應該是唯一的出發點，至於後面的道路，就依據內心的回應做為方向的指標吧！這件事，每個人都有屬於自己的地圖，而且依據自己心境所在的不同位置，每個人都有不同的行進方向，而且時時在改變。隨時傾聽內心的聲音，在每一時刻，也只有自己看得見屬於自己的道路。或許，這才是「道」的真正含意。

小結

　　成為一個人生的探索者，不需要是一位哲學家。每個人內心就是一個廣大的探索世界，在這世界中，不僅可以看到真正的自己，也同時可以看到真正的別人。面對真實的人性，避免似是而非的推理，每個人都是人生探索者。開始為得悟真道而聽牌。

四、心理篇

我們應該譴責犯錯的人嗎？

當我們在人前或人後嚴厲譴責犯錯的人時，內心浮現一股正氣，好像自己是個不會犯錯的人一般。每個人都戴上同樣的面具，談笑聲中，來一場人間化妝舞會。

一輛車突然減速，我們是否應該按個喇叭，讓他知道這樣是不對的？

哲學思考

「那個出家人怎麼在高級餐廳吃大魚大肉啊？」

「小明的父母沒錢幫他繳學費卻有錢出國旅遊。」

「那個公務員怎麼在上班時間打瞌睡？」

「我昨天看見老萬的老師闖紅燈，好誇張，怎麼為人師表啊！」

類似的話語在日常生活中經常聽見。新聞媒體也常常會指責公眾人物的一言一行，像是某某藝人開車講手機、拒絕慈善團

體邀請，或是某某政治人物劈腿外遇等等。當大眾聽到這些譴責時，常常會有的反應是：「怎麼可以這樣，真是太可惡了！」於是，茶餘飯後，大家一起嘲笑或是跟著譴責這些道德罪犯。在這忘我的午後談笑聲中，大家似乎都得了暫時失憶症，忘了一件很重要的事情：「難道你我就有比較好嗎？」沒有缺點、不會犯錯的人真的存在嗎？

<table>
<tr><td>思路</td><td>「那個人開車技術怎麼這麼差啊！一定是個白癡新手。」→請問你自己沒有當過新手嗎？
「這個學生考試竟然作弊，真是太可恥了！」→請問這位老師，你從來沒作弊過嗎？</td></tr>
</table>

我們每一個人都同時扮演著許多的角色。無論是老師、學生、父母、子女、信徒、公務員、還是遊客與路人，每一個角色都被賦予一些應該遵從的規則。無論扮演的是哪一個角色，一個很簡單的事實是：「不會有人在任何一個角色中無時無刻地完全遵守所有規則。」也就是說，不僅沒有一個人是完美的，就連每一個人所扮演的任何一個角色都不可能是完美的。而且，這種不完美還不僅僅是來自無心的過失，而是來自於私心的蓄意犯錯。不用否認，這就是人，就是人的天性。要感到悲哀也好，要感到自然也好，反正這就是一個我們必須先認清的事實。

當然，要譴責別人還是可以的。只要懂得規則，懂得社會文化制訂下來的共同規範，我們就有足夠的「認知能力」可以譴責

別人：「這樣做是不對的。」就像我們可以譴責自己一樣。但是，當人們在譴責別人時，態度上通常並不僅僅是「我知道規則，而你違反規則，所以我可以譴責你。」而是「你這個人怎麼這麼糟糕啊！」基本上，後面這句話很少有人有資格說的，僅有那些不會犯錯、或至少幾乎不會犯錯的人有資格用這種高高在上的態度說話。但是，請問，有誰是這樣的人呢？

思路

譴責的型態可以分成兩種。

第一種單純指出某個行為違反某個規則。懂規則的人都可以做這樣的判斷。

第二種除了指出違反規則之外，還加上對此人在某種程度上的人格否定，說話者高高在上，彷彿自己是個不會犯錯的人一般。雖然很少人有資格這樣說，但多數人在譴責別人時卻採用這種方式。

當我們用這種高高在上的方式譴責別人時，頓時一股迷惑之霧會讓自己飄飄欲仙，彷彿自己變成了聖賢之徒。而談笑中的好友們若不即時也用嘲笑的口吻加入，彷彿自己就變成道德共犯，那麼，就在大家都裝做自己不會犯錯的氛圍下，結束愉快的八卦時刻。

舉例來說，當某個人批評一個出家人吃肉：「出家人還受不了誘惑，真是太可笑了。」這時，旁邊的好友們便跟著起鬨大笑，這股氣氛顯示大家都是能做到自己該做的事情的人，感覺自己高

高在上。如果你不罵不笑，那就表示你跟那個道德罪犯是同類人。雖然實際上大家都是，但是都要假裝自己不是，不然會成為笑柄。於是，大喊：「這實在是太離譜了。」罵得愈凶，表示自己愈行、愈高尚。但是，大家卻沒想到，如果自己出家，能夠抵擋這個誘惑嗎？甚至，自己有這股勇氣去過出家的生活嗎？自己能夠遵守每一個角色中的所有規則嗎？更何況，並非所有教派都不允許吃肉，說不定只是自己孤陋寡聞而已。

在熱鬧忘我的氣氛下，我們不會思考到這個「自己也一樣會犯錯」的層面，但當我們離開了人群，注意力轉向，內心深處則升起一股恐懼，害怕自己的真面目被人識破。結果，每一個人都恐懼著別人發現自己的道德缺陷，為了掩飾，我們只好更用力譴責那些被公開的道德罪犯，然後，更強的恐懼感便油然而生。

人人假裝自己沒有私心、不會犯錯。人人都在譴責別人，顯示自己的高尚。但人人也都害怕自己的私心與缺點被別人發現而被譴責。請問，這樣很好玩嗎？

別玩了，讓我們認清一些事實：「每個人都有私心，每個人都會被私心驅使去做一些違反道德的事情，然而，每個人也都不喜歡自己不完美，所以每個人都在悔改中，每個人都努力希望自己更好，每個人都有行動上或思考上的盲點，每個人天生都會犯錯，而且一犯再犯。」

當我們認清這些事實，生活會更自在一些。我們不用再擔心

自己的道德瑕疵被發現，我們可以開始面對自己和別人的缺點，也同時了解每個人都希望自己更好的心境，以及有時難以抗拒誘惑的無力感。

　　當然，有時，我們會發現某些人所犯的某些錯誤是我們自己永遠不太可能會犯的。例如，我可能永遠不會開車講手機。那麼，我是否就可以高高在上地譴責那些開車講手機的人呢？其實不然。問題不在於某一個人的某一個行為。每一個錯誤的背後都有一個很複雜的因果作用。不同的人，不同的成長環境，造就了不同的缺點與錯誤。每個人有其不同的思考盲點，情緒弱點，在不同的環境下有不同的誘惑，這就導致五花八門、各色各樣的錯誤行為了。

　　如果我們把一個可以完全符合一個角色所該做的事情的人稱之為完美的角色。那麼，很簡單的一個事實就是，世界上沒有完美的父母，別再挑剔你的父母不懂教育了；世界上沒有完美的老師，別再挑剔你的老師不夠關心學生了；世界上沒有完美的政治人物與藝人，別再挑剔他們的私生活了。當然，我們還是可以批評一個外遇的藝人、一個論文抄襲的政治人物，但不是以一種嘲笑、鄙視、高高在上的態度。因為，如果我們自己遇到跟他們一樣的誘惑，說不定情況一樣，甚至更糟。

　　我們都知道要往哪一個方向前進，像是孔子的「隨心所欲而

不逾矩」的境界就是一個很好的終點。到達終點之前，我們都會犯錯。當我們面對其他犯錯者，較適當的態度是包容和鼓勵，就像我們希望別人也是這樣面對我們的錯誤。而且，當我們可以轉換「有道德瑕疵是很正常的」眼光看待別人時，生活就會減少抱怨與憤怒，期許自己與別人能克服各種人性弱點而趨近我們期待的目標。面對每一個角色，我們都在學習中，學習做得更好，而別人也是一樣。

或許，只有到達終點的人，有資格用我們平時習慣的態度譴責別人。但奇怪的是，這些人像是佛陀、耶穌、孔子等反而就不太譴責而選擇寬恕了。不知是為什麼？

小結

依據《論語·衛靈公》孔子對「恕」的看法：「其恕乎，己所不欲，勿施於人。」或許，這也是金銀律的應用。「我們自己犯錯時，希望得到別人寬恕，不被譴責，那我們就不去譴責犯錯的人。」不過，這個解釋就不適用於耶穌了。因為，根據《聖經》，耶穌是從不犯錯的。而佛陀選擇寬恕的理由大概是慈悲心的作用或是從業報看人世的關係。

為什麼人們喜歡批評別人？

小藍：「小橘真是個爛人。」
小綠：「你自己又好到哪裡去了？」

從小綠這句話裡面可以看出什麼呢？
罵人通常暗示自己比較好。既然如此，
當然盡量罵囉。

問題

「小花真的很笨耶！」
只有聰明的人才有資格說這種話。
所以，大家都會認為說這句話的人很聰明嗎？

哲學思考
「多讚美、少批評。」

　　這段話常常被用來當作座右銘，時時自我提醒。需要這麼做是因為在人性的正常情況下，我們比較容易去批評別人而較少讚美。就像在日常生活中，我們不需要提醒自己多吃飯或是多睡覺，因為一般狀況我們就會多吃多睡。只有在正常情況下會缺

四、心理篇

乏、或是做錯的地方，我們需要不斷注意。就像是「多喝水」。

另一個常被使用的類似座右銘是：「嚴以律己、寬以待人。」

意思是說，我們應該對自己嚴格一點，對別人多多寬容。相同的理由，如果大家自然而然就會這麼做的話，這就不會變成一個座右銘了，因為，正常人性驅使下，我們都會是「寬以待己，而嚴以律人」。

若真的想要克服這個人性障礙，光靠座右銘的自我叮嚀其實用處不大，因為，用一條條行為規則是不能改變人性的，在情緒作用驅使下，人們會不斷違背規則，久而久之，就不想再理會這個座右銘了。

我們最好想辦法了解一下為什麼會有這樣的狀況發生，其人性基礎究竟何在？當我們內心的自我省察能夠看見其背後的運作機制時，或許就比較容易做到自己期待的改變了。

首先，人們的認知有個特色，比較容易發現「不正常」的情況，對於「正常」的情況則容易習慣而忽視。舉例來說，你每天從家裡出門到學校或是到公司的路上，沿路景色基本上都沒什麼改變，也就不會把注意力放在這些東西上面。但是，如果路上有一棟建築物在一夜之間被漆成另一種顏色，這種不正常狀況就容易引發我們的注意。但久而久之，習慣將之當作正常後，就又開始忽視。

這樣的認知習慣讓我們比較容易發現別人的錯誤，而較少發

現別人的對處。理由很簡單，「對處」經常只是一個不被注意的正常狀態；而「錯誤」卻是會馬上引發注意力的不正常狀態。

當每一個員工、主管、學生、或是老師在遵守其應該遵循的規則做事時，我們不會特別注意到，因爲這樣「很正常」；但是，當有一點點違反規則的情況發生時，我們的注意力就會馬上被喚醒。

舉例來說，如果某一個學生每天都準時來學校上課，從不遲到，到了學期末，這位學生可能會覺得自己太了不起了。回想曾經遇到的塞車、不想起床的寒冬、以及跟男友分手的心情低落等等，都沒有打敗她準時上學的決心。但是，反過來說，老師卻不太會注意到這位學生的這些「看不見」的努力，因爲，準時的人每天都是多數，屬於「正常」狀況。反過來說，某個人的某一次遲到或是很少缺席的人偶爾一次缺席，卻會馬上引起注意。如果這位學生爲了不遲到曾經費盡千辛萬苦，但卻在一次因前一晚念書太晚睡過頭而遲到，當她被老師罵「沒有時間觀念」時，這位學生怎麼會覺得公平呢？過去的這麼多努力完全被一次無心的過失給否定了。如果老師的想像力能讓自己看見這些原本看不見的努力，或是學生可以認知到其實老師是看不見，而不是否定她過去的努力，那麼，情況就會好很多。

人們習慣把許多看不見的、想不到的，都當作是不存在的。這種認知型態在日常思考中稱之爲「訴諸無知的謬誤」。只有當人們啓動理性之光，用思考放大視線，照亮看不見的世界，才能跳脫這個侷限。

　　這種認知作用常常讓許多新手老師感到很挫折，「爲什麼學生們都這麼混啊！」實際上混的並不見得是多數，但是「混」的不正常狀態卻最會引發注意力，而認眞的「正常狀態」卻容易被忽略。有經驗的老師可能會慢慢把注意力轉向認眞的學生，學習忽視「混」的不正常狀態，如此一來，教學的動力就會逐漸復甦了。

　　當然，特殊的好表現也會引起注意。例如，如果某位一向被認爲能力較弱的員工竟然談成一筆大生意。這個意外一定會得到許多讚美。然後，大家開始對他刮目相看，把對他的能力期待向上提升。如果這個員工持續優良的表現，讚美的聲音卻會漸漸降低，因爲，這慢慢變成「正常」狀況了。但相反的，如果未來某筆生意沒談成，反而會變得「不正常」而被批評。所以，在職場上，能力愈強的人、表現愈好的人，其壓力反而更大。因爲，他的「正常」好表現已經無法引起注意，若要獲得讚美，必須不斷超越。但只要有一點點不是這麼好，就馬上會被批評或是否定。就像功課愈好的學生壓力反而更大。想要保持在高點，

所要付出的代價是非常高的，但是，掌聲卻相對稀疏。

　　這樣的人性思考習慣讓人難以被讚美卻容易被批評。也因為我們常常會因為「習慣」而忽略別人的好，但卻因為看得見自己為了保持一個優點所付出的努力，因此會不斷看見自己的優點。所以，「嚴以律己、寬以待人」就能夠稍微平衡一下這種認知上的缺憾了。

　　然而，如果我們可以開始學習用不同的眼光看人，讓想像力深入到別人遇見的各種可能問題，開始在別人的「正常」行為中發現優點，例如，「你怎麼有辦法都不遲到啊！一定克服了很多的困難吧！真是太了不起了。」那麼，我們的視界將會很不一樣，也較容易發現更多別人值得讚美的事情，就像容易看見自己的優點一樣。

　　針對人們喜歡批評別人方面，還有另一個很重要的因素。這個因素可以透過自我內省發現：「即使看見別人的優點，我們通常也不太樂意說出來，尤其面對有競爭關係的對手；但當我們看見別人的缺點，卻通常很開心指出來。」這種情況常常發生在臺灣的學術論文發表會上，場下的人集中注意力尋找別人有什麼錯誤，連芝麻蒜皮的問題都不放過，但眼睛就是不去看別人的論文裡有什麼有趣的新見解。為什麼會這樣呢？

　　這裡牽涉到一個認知上的自然推理。當我們讚美別人時通常

會牽連到一個觀點「我不如他。」而當我們批評別人時，則暗示著「我比他行。」在這樣的認知作用下，許多人自然比較喜歡批評而較少讚美了。

① 批評別人暗示著自己比較好。讚美別人暗示著自己比人差。
② 爲了行銷自己，又不方便明講，於是選擇少讚美、多批評。
③ 所以，許多人自然而然經常批評而很少讚美。
這個置入性行銷的方法或許有點用處，但代價很高，因爲，人們基本上不喜歡那種喜歡批評別人的人。

當一個女人罵另一個女人不知廉恥時，那就表示自己很知廉恥；當一個男人嘲笑另一個男人很笨時，就暗示自己比較聰明；當某政治人物批評另一個政治人物無能時，就等於宣示自己能力較強；當一個學生在老師面前批評另一個學生很混時，那就暗示著自己不混。反過來說，當某個人讚美另一個人修養很好時，常常表示自己的修養沒這麼好。在這種認知作用下，人們當然喜歡批評而不愛讚美了。

當然，這樣的作用是僅針對那些渴望受到大衆肯定的人才會產生的心理效應。對於很了解自己，或是對自己很有自信的人來說，由於這類人不需要依賴別人的看法來肯定自己，他們自然也就不會特別去做大力批評別人的事，同時也不會壓抑去讚美別人。所以，自信心強的，不太會去批評別人。而愛批評別人的，

反而是那些比較沒自信的人。

　　然而，這種認知作用還有一個特殊的狀況。當自己的某個優點已經被公開肯定的情況下，讚美別人就不再是暗示別人比自己強了，相反的，反而變成「我比那位很行的人還要更強。」例如，當一個諾貝爾獎得主讚美別人很聰明時，這會讓人認爲他慧眼識英雄。當一個公認的美女讚美別人美麗時，這讓人覺得這個美女又美又有眼光。所以，當我們看見許多知名人士很謙虛的讚美別人時，這不見得表示他們眞的很謙虛，因爲在這樣的行爲中，他們獲得更多。眞正可貴的，應該是那些發現競爭對手眞的比自己強，而且又大方說出口的。

小結

　　我們自然而然會看到自己的優點，也自然而然會看到別人的缺點。若想讓自己的認知更接近事實，就必須時常「刻意」去找自己的缺點，以及別人的優點。若做不到這點，那就盡量做到「少批評、多讚美」。這樣做至少可在人際關係中，稍微掩飾自己的無知。

誰能擺脫自我中心的思考？

佛印禪師看到蘇東坡打坐時說：「像一尊佛。」
蘇東坡看佛印打坐時卻說：「像一堆牛糞。」
自以為勝利的蘇東坡卻被蘇小妹吐槽：
「心中是什麼就會看到什麼。」

問題

如果你自認為很了解別人，
但別人卻覺得你不了解他們。
這是什麼樣的情況呢？

哲學思考

在日常生活中，常常聽到有人批評別人很「自我中心」，只考慮到自己而不太考慮別人。從思考的角度來說，就是以自己為中心去思考一切。在人際關係中，這是一個很主要的問題來源。例如，常常有人抱怨說：「我對她這麼好，她卻一點都不滿意。」說話者的這種想法很大的一個部分就是來自於自我中心的偏差思考。因為，我們對別人的好，常常只是我們自己認為的好，但

是，別人卻可能一點也不喜歡，甚至很討厭。把自己認爲的好應用在所有人身上，以爲別人都和自己一樣，這就是典型的自我中心思考。

在人們的觀察中，社會上有很多人是自我中心思考的類型，但是，很少有人覺得自己是這樣的人。至少，當批評者在批評別人自我中心時，通常都認爲自己不是這樣的人，否則就不會用這個語詞了。然而，誰能眞的擺脫自我中心的思考呢？基本上，沒有這種人！那麼，這些認爲自己不是自我中心的人是怎麼一回事？可能性很多，但其中一種常見的，是更嚴重的自我中心導致認爲別人都自我中心。

人類在嬰兒時期，無法從不同的角度看世界，以爲別人看到的東西會和自己一樣。例如你拿一張紙，一面是小雞圖案，另一面什麼也沒有，當你和嬰兒面對面坐著的時候，將它立在你們中間。因此，你和嬰兒只有一個看得到小雞。但無論紙張怎麼轉動，嬰兒總認爲他看到小雞時，你也看到小雞，反之亦然。大約兩、三歲之後才會慢慢發現，當別人和自己的視線角度不同時，會看到不一樣的東西。要成長到這個步驟的一個重要因素是，嬰兒必須先注意到，自己在不同角度會看到不同的東西，以及學會從不同的角度思考。也就是說，我們必須先經歷這種成長，才可能發現別人和自己有可能是不一樣的。

心理學家葛妮可（Alison Gopnik）在 1994 年做過一個著名的實驗：實驗者和（兩歲左右的）小孩中間放一個檔板，玩具如果放在實驗者這邊，小孩便看不見。反之，實驗者便看不見。當實驗者要求小孩把玩具藏起來不要讓實驗者看到時，小孩應該將玩具放在自己看得到的這邊，但他們總是將玩具放在他們自己看不到（但實驗者看得很清楚）的一邊。

　　在兒童時期，小朋友對學到的各種價值觀較不會質疑，而且認為其他人有著相同的價值觀。例如，當他學會「偷竊是不對的行為」的價值觀之後，雖然他或許相信有人會偷東西，就像自己也會偷東西。但比較不會有人認為偷竊是好的行為。這種情況通常要到青春期後才會開始產生變化。尤其當自己對某些價值觀產生質疑時，心裡開始接受這些價值觀或許是有問題的。封閉的內心便開啟一道裂縫，關於別人不同價值觀的思想活水才能注入。否則，就算聽到別人的不同主張也會傾向認為那是騙人的。

　　我們總是以自己的思想為基礎來理解他人。當我們自己曾經因為缺乏意志力而無法戒煙時，就傾向於認為其他戒不了的人也是因為意志力不足的關係。但這樣的理解常常是錯誤的。尤其當我們新認識的某人的想法是自己從來沒有擁有過的，那麼，我們根本不會（也無法）用那樣的方式去解讀他。但是，我們

仍舊會產生對他的理解，這樣的理解完全依據自己現有的想法。當然，這必然導致誤解。

　　舉例來說，某一類人 A 絕對不會去理會路邊被車撞傷的小狗和小貓。這些人或許對小動物也有些憐憫之心，但是去幫助這些被撞傷的小動物真是太麻煩了，要花時間還要花錢，而且搞不好身上還有傳染病之類的。但是，卻仍然有另一類人 B 會把這些小動物送到醫院治療。A 類人如何解讀 B 類人所做的這些事情呢？

　　通常，A 類人可能會認為 B 類人「有宗教信仰，為了累積功德而這麼做」「被愛護動物的觀念洗腦了」、或者「極端喜歡小動物」，或者更糟糕一點「有毛病」「沒事幹」「做給別人看的」等等。A 之所以會這樣理解 B 是因為，只有在這些情況下，A 自己才會去做這種事情。所以，用自己的想法當做模子來解讀別人時，很容易得出這些結論。這就是自我中心的思考模式。多數人都是這樣在思考的。我們當然不可能用自己沒有的想法去解讀別人。例如，A 類人不會說 B 類人是因為想吃小動物所以才救牠們，因為，A 類人自己並沒有這樣的想法。除非他增加了這樣的經驗或知識。

　　然而，B 類人為什麼要救這些小動物呢？可能性很多，其中一個很重要的可能性就是，「一股強烈的同情心在作用」。雖然很麻煩、要花錢，但是實在無法看牠們受苦而置之不理，在時間

與能力可以負荷的情況下，還是會去做這件麻煩的事情。這種對小動物的強烈同情心並非人人都有，沒有的人通常就不會有這樣的思考模子，也就不會用這種方式理解他人。所以，A類人不會這樣去思考B類人。如果B類人真的就是這樣的人，那麼，A類人對B類人的理解就完全是錯誤的。

人們在成長過程中，不同的環境、不同的朋友、讀了不同的書、經歷不同的事，造就了不同的人格與思考型態。人們的內心世界在青少年之後開始分道揚鑣，愈走愈遠。這導致每個人都會有一些其他人不太會有的內在特質，而且，通常自己也不清楚這些特質為何？當某些行為發自這些特質的時候，誤解就很容易產生。尤其當某些人的思想往深度發展，超越了一般社會風俗與價值觀，產生屬於個人獨特的生活方式時，對一般人來說，這樣的人幾乎無從了解起。任何「自我中心」的思考模式對這類人的解讀都一定是錯的。直到有一天，我們在心中宣布：「我對此人完全不了解」。這個想法才能開啟封閉的思路，讓思想的活水注入，當想像力可以建立起新的思考模子時，我們才有可能開始認識一個奇人。

如果你常常認為某些人很怪，很難了解。那麼，你應該屬於那種較不容易誤解別人的人。因為，至少你不會輕易用自己的現有思考來解讀別人。也就是說，你已經打開了接受新想法的通道，踏出自我中心的侷限。只要願意再運用想像力去做超越自己

現有思考的想像，以及消化從他人而來的新知識，那麼，當你認識愈多的奇人與怪人，將會產生愈廣闊的思路。

　　如果你常常覺得理解別人很容易，那麼，你很可能只是活在自己的狹窄世界，經常誤解別人卻不自知。另外，如果你常常對別人的自我中心思考感到很厭煩，那麼，你很可能是一個極端嚴重的自我中心思考者。因爲，在你的心中，難以容下別人不爲你而活的舉動。

推理　一個簡單的檢驗標準提供參考（有時也會有例外）：
A、常常覺得自己很了解別人。
B、別人覺得你很了解他們。
C、常常覺得了解別人很難。
D、別人覺得你不太了解他們。

① A＋D＝最糟的自我中心狀態。（多數人是如此）
② C＋D＝開始走出封閉的自我中心困局。
③ A＋B＝已經打開封閉的思考，能夠用不同的觀點看人。
④ B＋C＝這種狀態的人很可能比別人還要更了解他們自己。

　　如果在認識一個人的時候，你會爲這個人建立一個用以理解他的新模子（心理學上稱此爲基模 Schemas；哲學上則較接近所謂的思維框架或是概念框架 conceptual framework），而且隨著愈深入的來往而不斷修正，對於感到疑惑的地方不輕易下結論。那麼，即使我們仍舊無法完全跳脫自身思考能力來解讀

一個人，但由於可以不斷藉此提升自己的思路，雖然仍舊屬於自我中心，但由於這個自我會隨著經歷而不斷擴大，這麼一來，就能蛻變成一個不太受自我中心思考侷限的人了。然而，這種境界談何容易呢？

小結

自我中心是個永遠無法完全逃離的魔咒。但只要知道自己有這個思考侷限，就可以盡可能避免其所產生的錯誤推理，也就可以盡可能減少自我中心思考的毒害。

是自利還是正義？

大多數人認為自己是正義之士，
但他們也同時主張世界上正義人士較少。
兩者加起來，這表示很多自認為正義之士的人
在他人眼中並非如此。那麼，究竟誰對？

問題

小王選擇兒子老萬擔任重要職務，
老萬又非常勝任這個工作，
小王的選擇究竟是自利還是正義呢？

哲學思考

　　一群養豬業者集體上街頭抗議，反對含有瘦肉精（萊克多巴胺）的美國牛肉進口。抗議人潮裡，有些人嘴裡嚼著檳榔，或是叼著香煙，卻手舉標語，「全力捍衛國民健康」。這個畫面，感覺不太協調。

　　當時社會上對於政府是否開放美國牛肉進口[4]產生很大的爭論。主要理由是美國牛肉含有瘦肉精，而瘦肉精對人體有害，雖然所含瘦肉精種類危害似乎並不大，但既然有害，又何必開放

呢？因此，抗議人潮便以此為主要理由，站在正義的一方，為了捍衛國民健康而戰，全力反對美牛。這究竟是正義還是自利？是否只是穿上正義的外衣，而實際上卻在追求個人利益呢？

上面這個例子應該很明顯，養豬業者害怕開放含有瘦肉精的牛肉之後，同樣含有瘦肉精的美國豬肉接踵而來，這會影響到他們的生意。所以，抗議的主要目的是自利而不是正義。正義的旗幟只是用來讓自己的行為更冠冕堂皇而已。事實上，追求個人利益不一定是件壞事，捍衛自己的權益也是天經地義的事情。而且，若在追求自身利益的同時也剛好找得到正義的理由，拿來使用會更容易達到目的，這也只是手法上的取巧，不是什麼大是大非的問題。

> **思路** 假設一個賣健康食品的商人，其目的只是想賺錢，但口口聲聲卻說是為了國民健康。只要產品沒有騙人，這並不是什麼大不了的謊言。何況，人人皆有利他之心，能在獲取利益的同時也幫助別人，何樂不為？

但在這裡，我想問的是，旁觀群眾是否能弄清楚這裡面的差別呢？甚至，抗議者自己是否也搞混了呢？

一群人激憤的推動拒馬，和警方爆發衝突。

當這個場景出現時，我思考著，是什麼樣的想法導致這麼巨大的一股行動力量？一般來說，如果真的是為了捍衛國民健康，應該不會如此憤怒。而如果抗議標語寫的是「不要影響我的生

---

4 立法院於 2020 年 12 月 24 日通過包含美豬美牛進口相關等九項行政命令，
於隔年（2021）元旦開始施行。

意」，那麼，在心態上應該不太好意思爆發衝突吧？因為不開放美國牛肉會影響到其他業者的利益，而在忽略不確定的健康因素下，開放價格較低的美國豬肉則會讓更多消費者得利。所以，這種影響他人權益而追求個人利益的舉動通常不太能理直氣壯。但若以爭取個人利益為能量基礎，再冠上為人民請願的理由，大概就能爆發出巨大的力量。我猜想，抗議人群似乎已經把自己化身為正義使者了。他們可能已經搞混，忘了真實目的在於追求個人利益，而不是「國民健康」。

思路

這種混淆「真實動機」的情況在生活中經常可見。例如，許多醫生辛勞工作的主要目的在於獲取更高的收入，而幫助別人卻頂多只是次要動機。因為，如果沒有好收入，多數醫生最初就不會選擇醫學系。但許多醫生卻自認高貴的以救人者自居，好像救人才是其行醫的主要目的一般。

類似情形也發生在學校老師身上，許多老師的主要目的也在於一個有穩定收入的工作，當某個對學生有好處但卻會影響老師個人利益的政策要實施，多半會受到老師們的反對，而且總會有個冠冕堂皇的反對理由。但在學生與家長面前，卻表現出一副大公無私的教育者形象，甚至自己都迷惑其中。

這種認知上的混淆其實是一種很常見的心理現象，我們很容易看到別人明明只是為了個人利益，卻說得好像是正義的化身。有時候，他們自己都誤以為真的在捍衛正義，彷彿被正義之神上了身，舞動聖人的步伐，但內心卻貪婪算計著獲利數字。我們比

四、心理篇

較容易看見別人這種表裡不一的狀態，但是，當自己陷入這種情境時，卻很難看見。

「計算利益」是人們從小就自然而然訓練成功的最快速心算能力：「做這件事情，我可以獲得什麼？」每當做一件事，我們自然而然會去計算利益。即使去做志工，我們或許真的主要是為了幫助別人，但是，就算這樣，還是不免會有一個計算在內心浮現。這個志工行為可以獲得什麼回報？積功德？增加良好形象？自我感覺良好？或甚至是讓自己更快樂。人們很難會去做一件沒有目的的事情，也不太會去做一些對自己實際上沒有任何好處的事情。如果我們想做的，正好可以找到符合正義的理由，那麼，正義的人肉面具就會立刻浮現，提升勇氣與正當性，而私心卻躲在意識看不見的角落指揮一切。

在臺灣，社會文化告訴我們不能只追求個人利益而忽略公眾利益。所以，當我們想要徇私的時候，會感到有點不自在，至少不好意思理直氣壯地爭取。因此，只好找一個看似正義的理由，打上利他的旗幟，執行對自己最有利的行動。由於「私心」被公認是件羞恥的事情，連我們自己都不太敢面對，尤其針對那些期許自己行君子之道的人來說，不太能容許私心來掌控自己的行為。但若真的放下私心，容易成為受害者，讓那些勇於面對個人私心的真小人獲得一切。

在追求個人利益的天性驅使之下，聰明的心靈力量自動運作，逐漸讓自己看不見私心的作用，把它埋入不見天日的心底深處，讓它在背後掌控一切。僅讓正義的玩偶出面喊話，連自己都被蒙在鼓裡。雖然，我們並不是故意要成為偽君子，但是，心靈的自動作用卻將我們如此雕塑。

多數人民厭惡不公平的司法、貪污的政府、甚至無能的政客。當我們生氣這些社會亂源時，自以為為了國家社會著想，內心浮現寬闊胸襟與大無畏精神。或許這些都是真的，但別忘了，這些東西也同樣阻礙了個人利益。這不禁讓人懷疑，厭惡感究竟來自於正義或是利益遭受損害？試著想想，如果貪污的官員是自己的親人，我們在此貪污事件中獲得利益，還會這麼反對嗎？

我們常說，學生對於各種政府政策的態度是最有正義感的，不像各行各業的抗議示威遊行大都是為了個人利益。所以，相對來看，學生運動是最單純的。這或許是對的。但是，一個好的政府、一個沒有官僚、關說及一切不公平競爭的環境，對即將出社會的學生來說，卻是最有利的。難道學生的內心深處真的沒有這樣的利益算計嗎？真正的主導者究竟是自利的心？還是正義之心？

當我們下次再以正義的口吻高談闊論時，思考一下，我們所要主張的，是不是「碰巧」對我們最有利。如果是的話，向內心搜尋看看，說不定會找到那個躲起來指揮一切的「自利之心」。

小結

　　每個人都在追求個人利益，只要這種個人利益不會害到群體，甚至是對群體有利。那麼，這就不是壞事。即使拿群體利益當藉口來行這種自利之事也沒什麼大不了的。問題在於，我們必須認清自己內心真實的動機，防止錯誤的推理與行動，避免化身成一個偽君子。

沉迷於線上遊戲是因為好玩嗎？

偶爾會有玩遊戲到猝死的新聞。
這讓人聯想到科學家在老鼠大腦快樂中樞
安裝電擊器的實驗，只要一壓按鈕就會快樂，
老鼠不吃不喝一直按（就像在點滑鼠一樣），
直到死為止。

問題

**許多人沉迷於線上遊戲，連吃飯都懶得吃，
真的好玩到上癮嗎？還是有別的上癮因素？**

哲學思考

　　從小，我就愛玩電子遊戲。那時還沒有所謂的個人電腦、街上沒有電腦公司、當然也不會有電腦遊戲軟體在大賣場販售。記得第一個上市的遊戲機叫做「小蜜蜂」，玩一次兩元，操縱一個可以發射子彈看起來像飛機的圖案，但也只能左右移動。而螢幕上方有一些簡單線條組合成的小蜜蜂飛來飛去。遊戲的目標就是擊落它們，而且要小心避免被撞到。遊戲機還是單色的，但螢幕上貼了不同顏色的透明貼紙，所以，也算是有點色彩變化。雖然從現代的角度來看很單調，但對當時的小朋友來說，東西會

四、心理篇

動來動去（還會發出聲音）就已經很了不起了，這也可以玩上好幾個月才會膩。

進入專科，個人電腦出來了。先是八位元的蘋果電腦，後來是 IBM8086、8088、80286、80386，十六位元、三十二位元、六十四位元，到了現在，大家也不太在意到底是第幾代或是幾位元了，反正好用就好。

電腦功能的強化，導致遊戲畫面愈來愈豐富。到了念大學的時候，短短幾年間，目睹了電腦工業的快速發展，各式各樣有趣的電腦遊戲伴隨著學生時代一同成長。原以為發展已經到了極限，想不到，電腦就這樣進入了另一個階段：網路時代來臨。

大學畢業後進了研究所，我遇見的第一個線上遊戲叫做 MUD，是一個可以多人同時上線的角色扮演遊戲。但是，你相信嗎？沒有畫面！（這也能算是線上遊戲嗎？）只能靠文字「觀察」周圍、靠文字指令拿取物品、以及和人對話。我總共只玩了一分鐘。

首先，文字告訴我進入一個房間。之後，電腦顯示有人可以當我的嚮導，並且教我如何藉由指令來觀察四周等等。但我懶得理他，於是我下了一個指令「殺了他」，但螢幕隨即出現「對方等級太高，殺人失敗」，然後第二行字是「你被殺了」。

雖然只有一分鐘，而且沒有生動的畫面，但隨著想像，內心

仍然澎湃。我雖然沒有興趣繼續玩下去，但是夢想起飛，「不知在我有生之年，能不能進入一個像是夢幻仙境的世界，扮演一個具有法術的角色，和朋友們一同爲正義而戰。」原本以爲，這是幾乎無法辦到的事情，因爲，當時的電腦連顯示一張高解析圖片也要花上半分鐘的時間，更別說是高解析動畫了。然而，短短幾年之間，這個夢想就實現了。

　　線上遊戲眞的很吸引人。尤其是角色扮演類型，我們可以進入一個奇幻世界，扮演不同的角色，法師、精靈、鬼怪、或是半獸人，在那裡和不同的「眞人」玩家一同降妖除魔、一同遨遊天地、甚至爲正義而戰。

　　不用懷疑線上遊戲的樂趣。它當然好玩，但是，無論多好玩也是會玩膩的。大概沒有什麼固定事物能夠讓人持續玩樂而不膩吧！這應該是人的天性。所以，爲了讓人持續玩下去，線上遊戲必須不斷改版、不斷增加新的東西。但是，創意總是跟不上樂趣消逝的速度，要人持續沉迷於線上遊戲也不是件容易的事情，爲了這塊大好商機，程式設計師們總得想想辦法。讓人卽使感到累了、倦了、膩了、煩了，還是會持續努力奮戰。

　　這聽起來滿奇怪的，玩遊戲不就只是爲了樂趣嗎？爲什麼當樂趣消失時還會想繼續玩下去呢？這就是人性有趣的地方，剛開始沉迷電玩的，或許是因爲樂趣，但若持續一段長時間，大都不是因爲樂趣，而是呼應人性內在的另一種渴望。

四、心理篇

思路 當玩遊戲不再感到樂趣時卻還繼續奮戰,這表示玩遊戲已經不再是爲了樂趣了,而是有其他上癮因素主導著這個行爲。那麼,是哪些因素呢?

有一天,我很驚訝地發現,爲什麼餓了還不去吃飯?累了還不去睡覺?明天要上的課還沒準備好,爲何不去念書?卻一直守在電腦面前持續打怪。這個樹林的怪已經被我殺光又復活、殺光又復活、至少也有十多次了。這麼枯燥乏味的舉動爲何可以持續這麼久?理由其實很簡單,我想要趕快升級。因爲再升一級就可以換上更好的裝備,就可以更強大。我看著螢幕底下那個「經驗條」不斷往前移動,只要到達盡頭就成功升級。每多打一個怪,它就往前移動一點點,看著每一個努力都能獲得成果,我貪心地持續戰鬥。這是我第一次看見這種東西的強大吸引力。我在想,如果眞實人生中,也有類似像經驗條一般的東西,大概很少有人會失敗了。

假如我們做任何事都有一個相對應的經驗條,每一個努力都可以看到其收穫,在不斷的努力中,看著它持續成長,只要到達盡頭就可以成功。那麼,還有多少人會半途而廢呢?

舉例來說,如果我想要考取臺大,每當我多讀一點書,就像玩線上遊戲一般可以看見經驗條往前移動,知道距離目標有多

遠，而且只要到達經驗條的終點就一定會考上。那麼，我猜大多數人都能夠完成這個使命。但是，很可惜的，在我們的真實世界中，沒有這樣的東西，所以，我們常常覺得努力白費，這也導致任何挫折都讓人感到沮喪，並且覺得無論怎樣努力都不會成功，這些心理障礙讓我們還沒上戰場就已經先敗了。

　　人們希望自己更強，並以強者的姿態生活在世界上。在線上遊戲中，只要你願意努力（或甚至只要願意花錢），它就能滿足這個願望。愈是在現實世界中無法滿足成為強者欲望的人，就愈會需要這種感覺，也就愈會沉迷於其中。雖然這是正向奮發的精神，但追逐的卻是虛擬世界的頭銜。這個成就像夢一般，只要繼續上線，夢就能持續。程式設計師們牢牢抓住了這個心理需求，電視廣告也用各式各樣的英雄、美女，來引誘眾人前往。

　　進入虛擬世界之後，我們展開另一個人生，一切從頭開始，以最大的努力勝過別人、比別人等級更高、比別人更了解那個世界的一切、比別人更強大。這個感覺真的不錯，只要努力就能達成，每一個人都能成為最強的戰士。然而，夢終究要醒的。醒來之後，還是必須面對困難重重的現實人生。作業還沒寫、澡還沒洗、甚至飯還沒吃。而且，更糟的是，花愈多時間在線上虛擬遊戲裡，在現實世界就愈落後，也就愈想再回到虛擬世界去忘掉這一切。這惡性循環就讓人身不由己地深陷網路遊戲的世界裡。

　　這樣的沉迷是因為好玩嗎？其實好玩只是一小部分，另一大

部分則是被努力就有收穫、期待自己更強的欲望牢牢魅惑，難以掙脫。許多人因此荒廢學業、消耗健康、家庭失和、甚至手握滑鼠含笑而終。但即使如此，強大利益的誘惑仍然驅使著程式設計師們絞盡腦汁地思考如何讓人更留連於電玩世界。

另外，也有許多人提早發現在虛擬世界中所追求的一切都將成空，於是開始企圖遠離。這一場心理戰短時間內還不會停止，而沉迷電玩所導致的悲劇，在不久的將來，也還是會繼續上演。不知何時人們才會警覺到，線上遊戲的設計與規則，其實也應該要有法律約束的。政府怎能任由商人去誘惑、操縱、進而傷害國民，並藉此獲取利益呢？

小結

線上遊戲除了好玩之外，最大的上癮因素在於虛擬世界的成就感。愈是在現實世界無法滿足，就愈容易身陷遊戲的泥沼。陷得愈深，現實世界就愈落後，也就愈不願意面對，而更加難以自拔。而這卻是商人與程式設計師們賺進鈔票的手段。

上癮者是自作自受嗎？

一個涼爽的深秋午後，教完了課，帶著疲憊的身心走上陽台，望著遠山，深深吸一口涼風，希望能恢復一點元氣。不知不覺中，雙手舉高，能量似乎經由周遭迴旋的氣流緩緩注入。瞬間，我啞然失笑，原來虛擬世界的鬼魂已經入侵到現實生活中了。

我是一個法師，我會一些法術，當我舉起雙手，身體周圍會出現一道迴旋的氣流，我的生命力與法力都會恢復總數的六成。當然，這是在另一個世界的我，一個網路遊戲的虛擬世界。

問題

小明每天沉迷於線上遊戲無法自拔，不來上課，他終於要被退學了，這完全是他自己的責任嗎？

哲學思考

看完上一篇的討論，或許有人會覺得，玩線上遊戲上癮的，完全是自己的責任。因為，自己可以決定究竟要不要玩下去，既

四、心理篇

然決定要繼續沉迷，那就應該承擔一切後果。所以，這與遊戲公司和程式設計師是無關的。那麼，政府也就不需要立什麼法來規範遊戲的設計了。

如果真是如此，我們是不是也應該將販賣毒品者除罪化呢？因為，吸毒上癮者可以決定自己要不要繼續吸食，所以，戒不掉的人完全是咎由自取，那麼，只要販賣毒品的人不強迫別人吸毒，就不需要法律來限制人家賣毒品賺錢了。是這樣嗎？如果這個例子太極端，那抽菸呢？抽菸也是一樣，既然有菸癮的人是出於自願，自己也可以決定要不要繼續抽，那麼，我們又何必在菸盒上註明什麼違反健康的標記呢？又何必限制抽菸年齡等法律規範呢？

或許有人認為這是一種不當的類比。因為，吸毒與抽菸都是針對生理上的癮，而線上遊戲則屬於心理上的，這兩者不能一概而論。但基本上，從其對人的影響狀態來看，兩者差異不大。一樣都屬於上癮後難以戒除，以及都會對身心造成許多害處的習慣。然而，就算這個類比不適當好了，那麼，我們來看看賭博。賭博上癮不是生理上的，也是自己可以控制的範圍。所以，我們是不是可以說，沉迷於賭博的人完全是自己的責任，開賭場的只要不強迫別人來賭，即使（像遊戲廣告般）用美女色誘人家上賭場，都不應該被法律規範了。不是嗎？

對於我們已經習慣的規範，在觀念上很容易接受，就像我們

認為販賣毒品與開設賭場有罪，而販賣香菸給未成年者也違法。但是，為什麼設計一個讓人很容易上癮且導致不良後果的線上遊戲可以完全不用法律規範呢？當人們提出新的觀點與想法時，如果跟我們的習慣不合，一時會難以接受。這是一個認知習慣上的正常現象，但只要深入思考，就有機會改變舊有觀點。

在這整個思考中，一個很重要，卻經常被忽略的要點在於，我們在日常生活中的各種抉擇並不是完全「自由」的。沒有人真的處在一個完全可以理智選擇個人行為的狀態下。也就是說，在思考一個人的行為時，我們原本以為，「除非此人像是精神病患一般不具有行為能力，否則，就必須要為其行為負百分之百的責任，因為，此行為百分之百由其自由意志所決定。」但事實上，這個想法是錯的。我們的自由意志並沒有想像中這麼自由。從某個角度來說，人類思想、行為很容易被操控，只要掌握住這些操控因子，商人能夠賺進大把鈔票、政客也能騙取巨量選票、而心懷不軌的宗教領袖則能夠掌控眾多虔誠信徒。

人類每一個行為與思考，都有許多看不見的黑手在背後干擾，但由於我們的意識看不見這些黑手運作，因此，我們誤以為自己的選擇完全是自己在做決定，而且也用相同的觀點在看別人的選擇。然而，如果真是如此，我們的抉擇和想法、或是決定與行為之間，應該都是一致的。但是，在觀察自己的日常生活後就會發現，事實上並非如此。

戀愛有衝突的時候，明明告訴自己不要再理那個討厭鬼了，為什麼一會兒就身不由己了？走夜路的時候，我們明明不相信鬼的存在，為什麼四周還是鬼影幢幢？挫折的時候，你希望多點樂觀的想法，為什麼悲觀的念頭揮之不去？我們明明學會了邏輯推理，為什麼還是一直犯謬誤？決定戒菸的人為什麼不斷破戒？發憤圖強為什麼總是三分鐘熱度？

　　人類並不完全自主。雖然我們在意識中看不清這些在背後默默影響思考與行為的各種因素，但是，我們可以透過自己的決定與行為的不一致性發現裡面大有問題。甚至，當代科學家利貝特（Benjamin Libet）在 1983 年開始就透過實驗發現，「在我們自以為下定決定的那個時刻之前，大腦已經某種程度的顯示出我們將會做出決定。」因此，他甚至認為，「自由意志只是一種假象，我們不僅沒有百分之百的自由意志，甚至是百分之百的沒有自由意志。」

　　利貝特的實驗方式大略如下：
　　首先讓受試者決定做一件事情，例如，讓手腕彎曲。每當受試者決定要做這個動作的時候，請他記錄下這個下決定的時間。依據實驗室對受試者大腦的偵測，每當他下決定之前的三分之一秒，大腦就出現了類似下決定的大量活動。也就是說，在受試者

以為自己下決定之前，大腦就已經做了決定。因此，「下決定」只不過是一個假象。

　　或許利貝特的主張讓人難以置信。他的結論也的確超過其實驗結果所能證明的程度，因為，對這實驗結果，也還有其他的可能的解釋。但無論如何，這個實驗至少可以顯示，當我們在做抉擇時，並不是我們原本以為的當下的決定，而是在看不見的意識背後，還有不明因素在影響我們。至於當下自由意志的決定究竟佔有多少比例，這可能就因人而異了。

　　而背後主宰抉擇的因素，就是人們可以去干擾別人做決定的重要關鍵。掌握這些關鍵，就會有高明的推銷員、高明的騙子、善於攏絡人心的政客、以及讓人難以自拔的線上遊戲。

　　有人意志力較強，可以克服各種心理弱點；但有人意志力較弱，難以掙脫人們設下的誘惑陷阱。在一個美好社會裡，所有人都應該受到保護，尤其是那些自我防衛能力較差的。

　　如果說，所有上癮者都是自作自受，那麼，像是被金光黨騙的，或是中了仙人跳陷阱的，這種藉由人性弱點而上鉤的人是否也都完全是自作自受呢？如果肅貪人員假裝金主以天文數字賄賂員警，有多少人不會上當？這些收賄的警察也都完全是自作自受嗎？當然，這些上癮者、被騙者，是有責任的，但並非完全咎由自取。有一部分主宰行為的干擾因素是難以克服的人性弱點。

一個美好的社會，應該盡可能減少這些容易讓人陷落而又難以抵抗的誘惑。而這也就是執政者與立法者該動動腦筋的地方了。

小結

人類的每一個行為由許多因素所影響，有些是自己看得到的，多數人誤以為這就是全部，因而產生一個很狹隘的自我認識。有些因素需要打開理性之光，用思考去搜尋，因此，哲學家們可以發現更多。但是，仍然會有漏網之魚。人性的複雜讓我們幾乎不可能完全解讀個人行為的所有干擾因素。因此，看到別人做出什麼大錯事的時候，不要嘲笑，因為，我們永遠無法肯定自己一定不會做出一樣的事。因為，每個人都不是絕對自主的。

如何認識自己？(1)

幾乎沒有人認為自己天性就是壞人。但是，多數人們卻認為很多人天性很壞，這兩者是相衝突的，不可能都對。究竟看自己比較準，還是看別人比較正確？抑或是兩個都有問題？

我是一個什麼樣的人呢？我們自己大略都有個底，只不過，我們的自我認識究竟是對還是錯？

哲學思考

　　有人說，「認識自己是最難的。」真的嗎？讓我們上街隨意找人問問看：「你認識自己嗎？」我想許多人會說，「當然啦！」但或許有些人會說：「不，其實我並不了解自己。」如果你繼續追問這些人：「你為什麼認為不了解自己？」我猜，他們大都無法回答你。他們實際上並沒有能力看到自己不了解自己的思路歷程，但可能聽說認識自己很難，所以相信自己並不認識自己。或者，他們可能曾經聽說，「承認自己不認識自己是件了不起的事情。」所以就以為不認識自己。用這樣的方式來判斷自己是否

認識自己，或許比那些無法真正看見自己不認識自己，而誤以爲自己認識自己的人還要更糟糕。因爲他們不是用面對自己內心的方式來了解自己，他們甚至連自己以爲認識自己都看不見。

　　如果真實面對自己的內心世界，我想很少有人真的覺得不認識自己。相反的，看看你四周的朋友，你可能會發現，大多數的人並不了解自己但卻以爲了解自己，甚至，你可以看看你的過去，你會發現過去的你也不太了解你自己而也誤以爲了解自己，但是，你卻很可能和大多數人一樣認爲現在的你了解自己。這是不是一個有趣的不協調現象呢？

　　認識自己真的很難，而難的地方並不在於「人類很難了解」，因爲我們可以相當程度的了解別人，以及了解過去的自己。難的地方在於人對自己當下的掌握。在自我內觀的當下，很難發現我們其實正在經歷一種自我迷失的過程，一旦無法發現這

種不認識自己的現象，便無法朝認識自己前進。

　　許多思想上的死結阻斷了對自己的掌握，因此，大多數人在認識自我這個部分並不隨著經驗而成長，相反的，有可能隨著錯誤解讀的經驗增加而愈來愈迷失。

　　如果想要認識自己，必須先能夠發現自己並不認識自己。注意！是眞的發現而知道而不是自以爲是的知道，也不是想當然爾的知道。然而，這種「眞的知道」卻是在認識自己的過程中最困難的地方。

　　舉例來說，我們可以合理地推理出自己並不認識自己。推理如下：「我知道大多數人不認識自己，而且我也常常發現我以前不認識自己，但是，大多數人和以前的我都以爲認識自己，那麼，我可以很合理的相信，即使我現在覺得認識自己，但實際上，我並不是眞的認識自己。」

　　這是一個合理的推論，但這推理的唯一用處只是加強你邁向認識自我的意願，實際上，還是不確定是否認識自己。換句話說，還是沒有看到自己不認識自己的思維過程，無法發現問題所在。也因此無法眞正朝向認識自我的路線前進。

　　認識自我的關鍵點在於發現自己並不認識自己，或所謂的「自我迷失的思路過程」。然而，在談論什麼叫做自我迷失的思路之前，我們必須先弄清楚什麼叫做「自己並不認識自己」或「自己認識自己」。

當我痛的時候，我感覺到痛，我知道我正在經歷痛。在這個層次上，我們的確認識自己。當我想吃冰淇淋時，我想到冰淇淋的畫面和彷彿嚐到它的美味，我知道我正在想吃冰淇淋，在這個層次上，大多數人也還是認識自己。當然，有時我們會說謊，明明痛得要死卻硬說不痛，這樣的情況並不是不認識自己，因為內心知道痛，只要內心知道事實的真相就算認識自己了。那麼，在哪些層面上，人們通常會開始不認識自己呢？主要問題出在下意識對某些個人特質的自動否定機制，以及對人性的錯誤理解。

在我們沉浸的文化與教育中，被洗腦相信許多人格特質是很壞的，具有這種人格特質的人都是壞人。而我們也習慣用這樣的觀點來批評別人。這種價值觀促使我們強烈的相信自己沒有這種人格特質，所以即使有這樣的特質也會被自己的下意識否認，這樣的心態與認知習慣阻礙了我們對自己的認識。

例如，「小偷」是很不好的詞彙，沒有人喜歡被當作小偷，即使是以偷東西為業的人也會有其特別的說辭而否認當小偷是其天生的人格特質。例如，「這個社會的人對不起我所以我才去偷的，並不是我天性想偷。」小時候，當我們發現班上有人偷了同學的東西時，就會覺得這個人天性不好，喜歡偷東西，然後覺得他是一個低等的人。不僅同學們這樣思考，連老師們也是這樣潛移默化的傳遞著價值觀。久而久之，我們無法接受自己其實具

有小偷的天性。然而，事實上，從某個觀點來說，每一個人都是潛在的小偷。即使是極端富貴，極端有權位、名譽甚至極端善良的人都不例外。這就像人會痛一樣，這是天性。

　　人類有將自己喜歡的東西占為己有的欲望，當然，大多數人不會這麼做，尤其是有錢人隨隨便便就可以買一大堆，何必去偷呢？這是一個理智的解釋，但是，人的天性並不隨理智的合理或不合理而改變，理智可以讓一個人不去做「偷」的舉動，但無法讓一個人抹除偷的欲望。例如，「痛」的主要作用或許是讓我們避免自己受傷害，但是，治療牙齒的時候痛就沒必要了，然而，痛卻不會因為它在那時沒存在必要就不痛了。人的天性不會隨著理智的判斷而改變。我們一生帶著這樣的天性，偷或是不偷的行為不是決定在一個人的天性，而是決定在我們的自由意志是否跟隨著這個天性。

　　既然大家都有這樣的天性，我們就不能譴責小偷有著不好的天性，我們也沒有必要對自己有這種天性感到有什麼大不了的，當有一天你無意間發現自己有這種天性時，你也用不著去否認，也不用驚慌，因為問題不在你，而是我們的道德教育為了阻止我們去偷東西，而傳遞給我們錯誤的知識。

　　我們必須認識自己的各種心理現象才可能認識自己，而這些心理現象或天性無法經由推理來發現，必須經由對內心脈動的瞬間把握。我們一旦去否認自己具有這類心態，就不可能在這種心

態出現的瞬間捕捉到它。在這種被認爲不良天性欲望出現的那一瞬間，我們會自動否認它的存在，如果你能看到這種瞬間自我否認的思路，你就可以發現人是如何在認識自我中迷失的了。

除了偷的欲望，每個人都會害怕，怕黑、怕鬼、怕痛、怕死、怕打針。每一個人都有喜新厭舊的心理現象。每一個人都有好逸惡勞與欺善怕惡的傾向。每一個人都有忌妒、自私、貪婪、歧視窮人、猶豫不決、以及名利薰心的天性。但是，這些都沒什麼了不起，因爲天性並不能主宰一個人，許許多多的價值觀促使我們不敢面對、也不敢承認我們的天性，因而導致我們下意識的自我否認，這樣的心態阻止了我們對自我的了解。

我們可以藉由對他人行爲的解讀，發現別人有偷東西的爛天性，或膽小怕鬼的孬種樣，甚至自私自利的醜陋心機。但是，我們不會用相同的方式來解讀自己的行爲，因爲我們通常看不見自己這方面的內心世界，所以還能擺出一副道貌岸然的樣子來譴責別人。而且，我們愈是譴責別人就愈害怕面對自己與別人相同的天性。但是，當我們了解到這是所有人的天性時，自然就不再覺得這是值得譴責的了。但我們必須突破這道自我否認的心防才能看見眞正的自己。

然而，當我們用「天性」或「人性」這些詞的時候可能帶來了很大的誤解，這好像是說，一個人表現得很自私、追求名利、怕黑以及有忌妒心等等都是很天經地義的，所以一個人去偷東西

也不該受譴責。這樣的理解卻又是錯的。在道德上，我們還是可以用價值觀來歌頌勇敢與大公無私，這並不是說他們沒有那些不好的天性，而是說，他們的意志或德性已經超越了膽小與自私，而獲得了道德上的成就。當然我們也可以譴責小偷或是膽小鬼，但不是譴責他們的天性，而是譴責他們受了這些天性的奴役。事實上，是不是一定要做這些歌頌或譴責在道德哲學的各種理論間是有爭議的，我想在此強調的是，即使要譴責，也不是譴責天性。

小結

經常反思自我的認識是否正確，是發現「自己並不認識自己」的必要思考歷程。而發現自己不認識自己，才能打開認識自己的大門，走進自己的真實世界，觀看真正的自己。

如何認識自己？（2）

我是誰？我勇敢、還是懦弱？我努力、
還是懶散？我純真、還是心機重重？
我認識自己、還是誤解自己？
或者，以上全對、也全錯？

問題

什麼情況我們可以認識自己？
又什麼情況我們容易迷失？

哲學思考

　　除了對自我的認識有問題外，我們對「人」的普遍了解也很有問題。當我們藉由對人的錯誤認識來解讀自己的行為時，也會造成自我的迷失。例如，如果我們認為一個人有小偷的天性，便會覺得這個人無論到哪裡都會想偷東西。這樣的理解是錯的。在上一篇所說的「人的天性」並不是在任何時刻都存在的，例如，一個有膽小天性的人也不是在任何時候都很膽小。有時在某些特殊時刻，例如突然被激怒時，一個人可能會變得很勇敢。

這種天性只是說，這樣的心態會在某些時候在我們的內心產生而已。一個有膽小天性的人並不是時時都處在膽小的狀態，而有偷東西或好色天性的人也並非時時刻刻都在尋找獵物。

如果有一天我們發現某個人做了一個自私的舉動，我們就會覺得他是一個自私的人，然後覺得這個人的天性很不好。這也是一個錯誤的人性解讀。因為每一個人都有類似的天性，而且幾乎沒有一個人從小到大能夠完全阻絕這類天性的誘惑，即使是最了不起的聖人，也會有意志力薄弱的時候。這也是為什麼我們不該對某個人的某個錯誤行為耿耿於懷，我們需要學會去原諒別人，就像有時我們也需要原諒過去的自己，以及別人的原諒一樣。

然而，從另一個角度來看，勇敢也是每一個人的天性。不需經由任何訓練，人總是會有勇敢的時候。不喜歡偷東西也是天性，即使自己真的偷了東西，在不可能被捉到的情況下，我們也可能會感到不安。對自己的勢利眼感到羞愧也是天性，當你發現你正在歧視一個穿著破舊的可憐小女孩時，你可能會很痛恨自己這種想法。而主動犧牲自己的利益也是天性，每個人都有想當志工並在志工活動中獲得快樂的天性。同情心也是天性，我們自然而然會對可憐的人產生同情心。在某些時刻，我們可能自然的引發出這些念頭或心理狀態。至於會不會真的依據這些念頭去行動就另當別論了。

或許是由於比較沒有心理障礙的關係，大多數的人可以很容

易的看見自己像是善良與同情心這類可以歌頌的天性，然後結論出自己是個善良的人。而且，因爲理智上相信善良與邪惡是衝突的，人們認爲一個人的天性若是善良則不會是邪惡的，所以強烈的相信自己沒有邪惡的天性。這樣的思想陷阱再一次阻礙我們發現內心的眞實想法與感受，阻礙了我們對自己的認識。在這種思維中，當邪惡心念出現的瞬間，我們是不可能看見的。除非，我們先打破這種錯誤的認知，開始學習接受原本的自己。

然而，天性是多面向的、複雜的、動態的、而且是難以表達的。卽使你和我有完全相同的天性，卽使我對天性的了解是完全的，你也不能期望可以藉由我的文字轉達來完全了解你的天性。每個人必須自己去發現它、學習它。人在成長之後開始改變，「自我」不再只是天性的組合，而是一個更爲複雜的個體。在這個階段，沒有人可以幫你認識自己，你必須觀察自己內心的所有想法和心理變化來認識自己。注意！這種觀察是一種直覺式的內觀，絕不是一種推理式的把握。

思路 所謂直覺式的內觀就是從自己內心觀察自己的直覺把握。如果我們能先放棄原本的各種觀念與知識，重新回到這種眼光看自己甚至看世界，我們將會看到許多更眞實的一面。這也是哲學史上，從德國哲學家胡塞爾（Edmund Husserl，1859 ～ 1938）開始的一場現象學思維革命。

透過這種直覺式的內觀，我知道我正在牙痛或想吃冰淇淋。我並不是因爲看到我的下顎腫起來，才推理出我的牙痛。我知道我想吃冰淇淋也是透過我的直覺知道，這並不需要任何推理。當我看到一個要好的同學的成績比我好，我覺得忌妒，這個心情在內心出現的瞬間被我捕捉到，藉由這個認識發現我的忌妒感。卽使我走過去微笑的跟他說「恭喜恭喜，你好厲害。」這並不表示我沒有忌妒的念頭。而這也不算什麼虛情假意，我們憑什麼表現出自己的忌妒讓人感到不舒服呢？我可以透過推理知道自己至少在這樣的情況下，可以不受忌妒感所控制，但是，我不能透過推理發現自己的忌妒感。要認識自己，就必須學會藉由瞬間的直覺來捕捉內心的各種現象。

　　依據這個分析，我們可以開始去學習接受自己、認識自己，當某些念頭在腦中浮現時，去觀察它們，它們都是每個人的一部分，你一點都不用擔心看見自己的壞念頭，如果那些念頭是你的天性，那麼，大家也都會有一樣的天性。唯一不一樣的地方在於，你知道你有這樣的天性但別人卻不知道他們也有這樣的天性。從這裡出發，你就朝向認識自己的旅程邁開一大步了。

　　在你企圖用直覺認識自己的旅程上，有一天，你或許會很驚訝並且難以接受的看到自己有個很卑鄙的想法，而且在那一瞬間你同時看到你的下意識自動去否認、忽視、找理由搪塞、或是找藉口開罪。當你發現這種下意識的自我否定的思路過程後，

就算真正知道自己並不認識自己了。這一個步驟，使你超脫了一般人，走入了哲思的層次，就像從夢中醒過來一樣。真正的人生就將從這一步重新出發。

小結

認識自己的主要步驟：

① 假設自己處在自我迷失狀態，展開認識自我的行動。

② 懷疑原本的自我認識，避免各種對人性的誤解。

③ 重新觀看自己的各種心態變化，並且以此作為了解自己的素材。

④ 時時反思自我解讀是否正確，敞開心胸接受他人對自己的不同看法。並且不斷重複以上步驟。

五、社會篇

何謂正義？殺一救五是否符合正義？

在《哈利波特》故事的最後一集，食死人軍團已經大占上風，眼看所有人都將被殺。

佛地魔說：「只要把哈利波特交出來，就饒了所有人的性命。」

我們可以為了解救所有人而犧牲一個無辜者嗎？

犧牲一個無辜者的生命卻可以解救許多人，這樣的行為可以稱之為正義嗎？

哲學思考

　　各種電視、電影劇本常常出現這種情節，「只要把某某人交出來，我就饒了所有人的性命。」如果這個交換條件是值得相信的，用一個人的生命換所有人，從整體來看似乎是好事。但這符合正義嗎？

　　「正義」這個常被政治人物使用卻又意義模糊的詞彙，在西元 2011 年突然成了熱門話題。哈佛大學哲學名師桑德爾（Michael Sandel）出版的一本書《正義：一場思辨之旅》，以

五、社會篇

及幾堂在網路上公開的課程，讓這個原本只在哲學界才會深入探討的話題，也引發大眾的關注。

　　整個討論從一個很簡單的故事勾畫出來，假設你是一個電車駕駛，突然發現前方有五個人躺在鐵軌上睡著了，而且煞車失靈，但這時還來得及改變方向，不過，卻有另一個人躺在那個原本不是電車路線的軌道上，你該怎麼做？

　　這個故事的安排假設，繼續向前會撞死五人，改變方向會撞死一個原本不該被撞的無辜者，那麼，我們是否可以為了救五個人而犧牲那位無辜者的生命呢？

　　依據粗略的統計，大約七成的人在這個例子上會選擇「可以殺一救五」。但是，讓我們把例子稍微改變一下。

　　假設某個醫師有五個病人急需器官移植，但卻沒有可供移植的器官，如果這時正好有一位適合移植給所有這些人的訪客出現在醫院裡，那麼，這個醫生是否可以殺一救五呢？一樣是「殺一救五」，但在這裡，反對的人會比電車例子多很多？為什麼會這樣？

　　當我們在做一個道德善惡與價值好壞的判斷時，通常會由幾個方向來思考：第一，此行為所造成的結果的好壞；第二，動機的好壞；第三，各種社會、文化、甚至個人價值觀的干擾；最後則是個人利益與感覺的考慮。至於這裡面哪一個是最重要的？又其依據為何？這些道德問題牽涉的思考很複雜，複雜到連道德哲

學家們幾個世紀以來都沒有共識，但這些研究的好處是，我們可以藉由這些不同的思考角度，把日常生活的道德問題分析清楚。

從上面兩個例子來看，其「結果」都是殺一救五，「動機」也都是為了救更多人而犧牲少數人。但在第三點，每個人都會有一些不太一樣的價值觀在其中作用而產生各種不太一樣的想法，所以不會所有人都選一樣的答案，即使選一樣的答案，理由也未必相同。但我認為，這兩個例子的主要差異在於個人內心的感覺與利益的考慮。

在感覺方面，從一個無辜的訪客身上摘取器官，這樣的想像比起電車撞人要來得恐怖的多，雖然，理性的道德判斷照理說不應該訴諸這種個人情感，但這樣的因素仍然會影響我們的判斷。

而從個人利益的角度來看，因為多數人不會走到鐵軌上去，而且題目要我們想成自己是電車駕駛，所以我們不會把自己想像成就是那個在鐵軌上被犧牲的人。於是，我們可以很理性地去做五大於一的計算，然後得出殺一救五是件好事。但是，在醫院的例子，我們卻有可能會把那位被犧牲者想成是自己，因為多數人都做過醫院的訪客，而且如果題目並沒有要我們把自己想像成是那位醫生。這種想像比較容易產生對無辜者的同理心，這樣的同理心會讓我們無法做出五大於一的理性計算，因為，在內心的情感中，一百個陌生人加起來也不會大於一個我，於是，不同的選擇就會產生了。

換個思考方式看看，如果政府制定法律，每年隨機抽出十人捐贈所有器官去救一百個人，如果醫學上眞的可以做到，你是否會同意呢？如果你是健健康康的人，你不會同意，即使你想到說不定未來你會需要，但通常人們在健康時不會有這種危機感。反過來說，如果你現在就是需要器官移植的人，你會覺得這種犧牲少數解救多數的政策是個德政。

　　人的私心經常在我們做判斷時隱隱作用，我們不僅被蒙在鼓裡，還常誤以爲自己正在做一個正義的判斷。有些人明明只是爲了一己之私，卻滿口仁義道德。這些人未必有意成爲僞君子，而可能只是連自己都看不見眞正主宰價值判斷的，究竟是內心的哪一個層面？若希望自己能改變這種窘境，可以考慮正義理論大師羅爾斯（John Rawls，1921～2002）所主張的「無知之幕」的思考方式。

　　無知之幕的思考：

　　思考任何決策時，先把個人的各種身分、條件、能力、種族、國籍、年齡、性別、價值觀等等各種資訊先不考慮，像是放入幕中看不見而對自己的特殊性形成無知的狀態。

　　這觀點在日常生活中的應用很簡單，就是當我們希望可以做一個正義的決定時，先想像如果獲利者不是我而是別人，或是受

害者也有可能是我，那麼，是否還是會做一樣的決定呢？這個辦法就可以先移除因個人因素所導致的私心作用了。例如，假設某位主管用自己的親人擔任要職，而他眞的認爲這個人最適合，因此，他自認爲這是一個正當的舉動。但究竟是不是因爲他偏袒親人的私心作用，才使他做此決定的呢？想弄清楚這點很簡單，思考一下，如果這個人不是他的親人，他是否還是認爲他最適合？或者，如果出現一個更適合的人，他是否會考慮換人？如果是的話，那麼，他就可以放心自己的這種私心並沒有在其中作用了。

當然，這樣的想法訴諸一個預設：「如果我們可以撇開這樣的私心，我們就有能力作出正義的思考。」也就是說，只要我們不考慮自己，我們天生就會有正義思考的能力。那麼，正義之心人皆有之，並不是經由教育或是道德洗腦而來的。眞的是這樣嗎？

這個問題在最近這幾年有相當不錯的研究進展。首先，2010 年耶魯大學的嬰兒認知中心研究指出，嬰兒從小就傾向於喜歡幫助別人的人，這是一種正義感的傾向。

嬰兒的正義感研究之一：

實驗方法很簡單，首先將三角形、方形和圓形三個物體畫上五官，代表三個人，讓嬰兒看到圓形（代表需要幫助的人）在

爬坡，爬得很辛苦。這時，方形（代表壞人）出來，從上面把圓形壓下去，壓到地面為止。而後方形離開，圓形繼續回到坡道往上爬，這時，三角形（代表好人）從下面幫助圓形往上推，直到頂端，圓形很開心。演完這場戲之後，把好人三角形和壞人方形放在盤子裡面讓嬰兒做選擇。嬰兒則傾向於選擇代表好人的三角形。這表示嬰兒比較喜歡那種會幫助別人的人。

而 2011 年美國華盛頓大學心理系的研究指出，嬰兒從小就偏愛公平的分配，這也是一種正義感的傾向。

嬰兒的正義感研究之二：

實驗方法是讓一批嬰兒看一段不公平分配餅乾的影片，嬰兒會很驚訝地盯著這個不公平現象。但另一批看到公平分配影片的嬰兒則較沒有這樣的反應。這表示他們預期應該要公平。看完影片後，拿兩個玩具給這些嬰兒，實驗發現，看到不公平影片的嬰兒較願意與人分享玩具。這和成年人的正義心理非常類似。

由於嬰兒尚未受到教育，所顯示的便接近於人的天性。這兩個天性合起來，我們大致可以主張，正義之心是天生的。

在學術上，討論正義的本質與來源或許是一個有趣的問題，但在日常生活中，我們最重要的問題則在於如何不要讓個人的私

心阻礙我們的正義思考，先從自己做起，我們才能讓人類天生的正義之心照亮整個社會。

那麼，回到最開頭的問題，殺一救五是否符合正義呢？讓自己的正義之心來做判斷吧！想像一下，如果被犧牲的少數也有可能是我，或是我們最關心的人，那麼，我們是否仍然認為這是個正義的舉動呢？我想，答案其實是很明顯的。

小結

哲學界過去有一種稱之為效益主義的思考方式，基本上以事情結果好壞的總和作為判定標準。這樣的標準可能會導致「殺一救五」是件好事的推理，因為整體來說似乎有比較好。不過，效益主義也不一定要這樣推理，針對好壞的不同計算方式會有不同的結果。

另外，從效益主義來看，「少數服從多數」比較能帶來大眾幸福。羅爾斯的正義理論某個角度來說就是反對這種觀點，他認為我們「不能為了多數人的利益而犧牲少數人。」因為這是不符合正義的。這就是為什麼我們認為不能強制拆除釘子戶的主要理由。

但事實上，我們處事也很難處處顧慮到正義，例如，如果某個人得了一種無法解救的疾病，其傳染性也高到難以隔離，如果不盡快把他殺了，全人類可能會滅絕。在這種情況下，殺了他當然是不正義的舉動。但我們真的不該這麼做嗎？

權力應該如何使用？

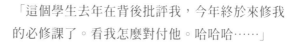

「這個學生去年在背後批評我，今年終於來修我的必修課了。看我怎麼對付他。哈哈哈⋯⋯」

「這個老師上學期竟然把我當了，填寫教學問卷時一定要把他寫得很爛。嘿嘿嘿⋯⋯」

問題

警察可以罵闖紅燈的人嗎？可以譴責冷血殺手嗎？民眾有權指責偷懶的公務員嗎？

哲學思考

在我還在讀大學的時候，「學生會」發起對老師做教學意見調查，其實也就是對老師的教學品質打分數。當時，有些老師抗拒這種措施，認為這是對師長不敬的舉動。二十年後的現在，這樣的措施已經普遍存在於大學校園。當然，這個政策的確有好有壞，至於好壞的多寡則視題目的設計與整個政策的做法而定。然而，無論是好是壞，這個做法賦予學生一個給老師打分數的「權力」。

五、社會篇

權力，在一個原始的自然環境中是不存在的。當人們開始群居以及社會化之後，爲了有效整合社群的力量，以及防止某些成員的私心造成其他人的損害，「權力」就在公衆的認同下被賦予某一些人。這些人被期待將這些權力僅僅用於其被賦予權力的理由上，但是，享有權力的人卻往往將之用在滿足個人私慾的情況下。這反而帶給社會更大的問題。

某某行政官員貪污、一群校長集體收賄。當人們厭惡這些不當利用職權來滿足私慾的同時，卻常常忽略了其實自己也正在學習如何不當使用權力。整個社會都忽略了該如何教育國民、學子、以及自己的小孩正當行使權力的必要性。

有一天，收到一份學生對我某一門課的問卷調查資料，在五級評價中（非常好、好、普通、不好、非常不好），最負面評價的地方有一個長串的「1」字，這表示在每一項問題中都剛好有一位學生對我做最負面評價（非常不好）。而次負面評價（不好）卻從頭到尾都是「0」（沒人做這個評價）。這種現象不太可能是碰巧，應該是某一位學生對我個人表達不滿，他正在濫用他的權力。這樣的做法可能可以滿足他個人的報復私慾，而他可能並未意識到，這樣的行爲和他所討厭的貪污犯本質上是沒有什麼差別的。

然而，在問卷的衆多選項中，其中一項是「老師是否善用多

媒體教學」，我那門課並沒有用任何多媒體教學，所以，照理說所有人都應該填最負面評價（非常不好），或至少填中間的評價（普通），但是，仍然有一半以上的人填上了最正面評價（非常好），這顯示有更多學生因為對老師有好感而故意選擇不正確的答案。這雖然是好意，但一樣是對權力的不當使用，但似乎沒人感覺到這有何不可。這種行為導致問卷顯示的不是教學品質，而是老師的人緣，而問卷結果又被用在衡量老師的教學，這個錯亂就可能衍生許多其他問題。

例如，如果學校開始要用高額獎勵金鼓勵老師提升教學品質，而採用這個問卷作為衡量標準。那麼，老師們若希望爭取這個獎勵，就會努力讓自己的人緣變好。做法可能就是：「不出作業、不給壓力、考試簡單、大家高分。」這麼一來，這個獎勵制度反而成為一股反教育的力量。

整個社會缺乏對「如何正當行使權力」的教育，以及對「不當使用權力」的負面價值觀。如果被開罰單，而警局剛好有認識的人可以銷單，這樣的人會讓人「很羨慕」，講出來也不太會被罵濫權。「關說」，變成社會上一種能力與地位的象徵，大家忘了其背後的本質其實是將被賦予的權力移作滿足私心的用途。

整個社會結構從賄選開始，人們就已經開始學習不當使用權力，選民為了獲得一些私人利益不當行使選舉權，政治人物選

上之後被賦予各式各樣的權力，這些權力的目的都僅僅在於可以爲人民提供服務，只要超出這個範圍都算是權力的不當使用，甚至只要這位官員感到自己高高在上就已經是在濫權了。因爲，如果他的權力僅僅在於爲人民服務，怎麼可能會高高在上呢？只有將權力轉移去做一些不公平、不正義的事情時，才會讓人有高高在上的感覺，而這樣的權力使用是超出原本被賦予的權力範圍的。

當一個警察怒罵違反交通規則的人時，警察有被賦予罵人的權力了嗎？一個老師嚴厲批判某些學生的不同價值觀、當掉得罪他的人、或是給喜歡的學生高分，這位老師有正當行使其權力嗎？父母運用關係讓小孩獲得特殊待遇；社團幹部利用職權把小學妹安排在自己可以親近的職位；中小學班長讓比較好的朋友享有特權；服務股長把死黨們的掃地範圍分配到最輕鬆的地方。

在不知不覺中，我們練習著如何藉由權力來滿足私慾，未來的主人翁們也正在學習與觀摩如何不當使用權力。這個社會完全沒有意識到整個不當權力使用的風氣正在蔓延、深化到每個人的內心世界。

腐敗的政治並不是從腐敗的政治人物開始的，而是整個社會的價值觀都在腐敗之中，而且從根敗起。這不是捉捉貪污就可以解決的問題。這需要從生活中每一個權力出現的時候就開始注意，權力的賦予必須伴隨著正當使用的法則與不當使用的警語。

如果正當使用權力的觀念與重要性能普遍存於人心，成為價值判斷的準則，整個社會才能走向反腐敗的新方向。

小結

人們常說，權力使人腐敗。但是，如果嚴格遵守權力的使用範圍，這種權力是不會吸引人的，只有在權力不當使用的情況下，權力才會像毒品一般令人上癮。所以，使人腐敗的並不是權力本身，而是被濫用的權力。

如何評估一位政治人物？

各位鄉親父老兄弟姐妹們，大家好！這將是一個新的開始，拿起你手上的選票，做一個正確的選擇。明天將會充滿新的希望，一切改革都將開始，遠離腐敗，朝向光明。選擇我來為大家服務，就是選擇幸福。拜託！拜託！

問題

這位市長做了好多建設，辦了好多大活動，真是了不起的市長！

哲學思考

　　社會的進步是由社會上所有成員努力推動的，無論是經濟、文化、教育或是心靈等層面。每當總統選舉的時候，廣告就會出現像是「臺灣新希望」等字眼，好像如果這個人選不上，臺灣就沒有未來了。或是誇耀政績的連任者，好像經濟成長都是他的功勞一般。然而，在一個社會中，雖然領導人在破壞上或許游刃有餘，但想要成就好事，政治人物的影響力是相當有限的，尤其民主政治的環境更是如此。為什麼呢？

　　若以馬車來比喻，我們通常以為一個領導人就是推動馬車前

進的手，帶領大家前往新的希望。但實際上，一個社會同時有許多輛馬車，領導人不過是一個比較大的馬車頭而已，每個社會都有一大堆馬車在前進，方向都不太一樣。

如果一個社會只有一輛馬車，那麼，只要領導人登高一呼，「從明天開始大家都不要再偷竊、搶劫、暴力、怒罵；大家互相問候、互相幫助、互相微笑。」那麼，明天一開始，美好社會的美夢就實現了。

當然，這樣的美夢遙遙無期。每一個人、每一個組織，都有其私心。因此，任何政策都會有阻力，愈是符合正義的政策，就會傷害到許多已經透過不正義而得利的強力馬車，因此所遭遇的阻力就愈大。若沒有事先思考一個巧妙的謀略，應付這些反彈的大馬車頭，往往事情會愈弄愈糟。所以，有的時候，一個領導人什麼都不做反而好過有一大堆理想卻用錯方法。成事不足、敗事有餘。

在一個獨裁政權中，領導人的馬車是一個超級巨大的力量，我們期待出現一位明君，那麼，社會將會緩慢向上。但如果出現一位昏君，社會可以迅速崩解。而在民主社會中，領導人的力量相對較弱，但好的是，我們不用「期待」，而是可以「挑選」。但問題是，怎麼選？我們如何評估一位好的政治人物呢？

古人說的好，就是「賢」與「能」。但是，我們如何評估一個政治人物是賢者與能者呢？

在臺灣社會，大多人偏愛「形象良好」的政治人物？這種形象良好就是感覺不錯，依據這樣的感覺來判定誰是賢者。但是，這些感覺從哪裡來的？通常，大眾會看一個領導人是否「親民」，而親民的條件就是常常下鄉實際觀察以及穿著儉樸。這樣的觀點大概是古代遺留下來的風氣。早期皇帝身在皇宮內院，不知民間疾苦，又怕被大臣愚弄，因此需要「微服出巡」來了解真實社會的情況。有這樣的心態，表示他真的關心人民，那麼，離賢者不遠矣。但這樣的標準或許符合古代，在現代，這些行為已經沒有實質意義了。現代政治人物的這些行為不過只是單純為了建立自己的良好形象而已。

　　另外，「形象良好」的來源通常還要看這個政治人物的談吐與風範（甚至長相）、以及會不會貪污。前者是一個不好的評估方式，因為，這些條件和賢與能都是不相干的，是一種非理性的誤導，我們要選的是領導人，不是選大學先生或小姐。而後者則是很重要的一個選項，一個會貪污的人表示其私心介入了他的權力使用，這樣的情況很難讓他成為一個好的領導人。但是，在臺灣社會，除非這個人被起訴貪污罪，否則，人們仍然依據其表面印象與傳言來評估這位領導人是否會貪污，而這樣的評估方式也容易產生錯誤。那麼，我們有什麼好方法來評估一個領導人嗎？

　　我認為，關於「賢」的部分，一般大眾是無法評估的。除非

是某些特殊的例子，像是屬於暴力集團之類的，否則，即使這個人曾經貪污過，我們又如何知道他尚未改過向善？即使一個人過去人格偉大，我們又如何知道在他掌握大權之後不會變調呢？所以，在選擇一個領導人時，主要應以「能力」為考量，因為這是比較容易評估的。

　　一個有能力的政治人物，在於能夠找出一個好的對策，順利解決一個難解的問題；或是創新一個好的措施。舉例來說，大約十多年前，臺灣人民騎機車大多不戴安全帽，無論政府怎麼宣導都沒用。後來，全國大取締，一個月後，幾乎所有人都戴上了安全帽。直到現在，即使很少有取締，大家已經習慣戴安全帽上路。這個措施不知救了多少人的性命，不知減少多少破碎家庭。而且在強力取締之前，花了將近一年的時間宣傳預告，所以引發的民怨不大。這是一個很好的政績。

　　捷運建好之前，臺北的交通是一片混亂，每一個新市長上任都誇口要把交通整頓好，甚至到了幾乎所有在臺北市騎車與開車的人都被開過罰單的紀錄，但惹了一堆民怨之後交通還是一樣亂。做了還不如不做。因為，這個方法的背後預設交通混亂的主因是大家不遵守交通規則，但實際上不是，而是車輛實在多到道路無法負荷。弄對問題關鍵就思考對策，後來想出了「公車專用道」。剛開始，民怨沸騰，因為原本的交通已經夠亂了，再把不夠用的道路劃分成公車專用道，這不是擺明要把用路人逼

入地獄嗎？但領導人不管民怨，鐵了心腸做到底。這就是行政的魄力。這個魄力讓政策不走回頭路，直到效果出現。當用路人發現自行開車猶如地獄，但搭乘公車卻暢通無阻時，紛紛改乘大眾交通工具。路上的車就這樣少了，問題也解決了。這就是政績。

另外，其他像是大家都沒想到的把無用的公園圍牆打掉來美化市容；或是創新辦理一些有趣、有意義的活動，像是童玩節；或是做一些有價值的創新建設，像是傳統藝術中心等等，這些都是政績。

當我們要評估一個候選人時，如果他曾經有過行政經驗，那麼，我們就可以問，他的政績究竟是什麼？談到政績，臺灣人民總是喜歡看這個人是否有「很多建設」，這個誤導不知從何時開始的。基本上，建設是不能當政績的，因為建設又不是花他的錢，為什麼算是他的政績呢？除非這個建設所造成的各種效用很特別，或是能夠解決一些難解的問題，否則，愈多建設搞不好愈多回扣，臺灣有一大堆花了大錢卻沒有任何實質價值的建設，不知當時是在什麼構思之下決定的。而且好像也沒人需要為這些敗筆負責。

然而，上面舉出了幾個令人印象深刻的政績，請問讀者，你們是否知道這些政績是由何人在主使的？我猜想，除非你是親身經歷這些政績的受惠人，否則，大多都不會知道。那麼，那些浪

費人民納稅錢的蚊子館又是由誰主張蓋的？有哪些議員支持或是反對？我們通通不知道！這是臺灣民主政治的一個悲哀。我們在選舉時，根本就不知道這些被選擇的人究竟做過什麼，然而，多數民眾也還是高高興興、很有主見的執行了他們的選舉權。

我們不知道這些候選人有過什麼政績；不知道這些候選人有什麼好的對策要面對未來，可以達成他誇下的海口；我們不知道民意代表過去支持過哪些法案、反對過哪些法案，以及他在民意機構的表現如何。這些最重要的，用以評估一個政治人物的資料，我們通通都沒有，然後我們還可以繼續針對民主政治的運作引以為傲。這豈不令人感到可笑嗎？

一個有為的政治家、一個有能力、有理想的領導人，必須面對這一個很根本的問題。制度的改變可以讓這些資料全部透明化；政策的實行可以讓民眾了解該如何選擇最理想的候選人。但是，這個改革所要面對的，是非常強大的敵人，這些敵人就是不希望我們用這些方式來評估政治人物的人。而這些人就是我們選出來讓他們決定要不要做這些改變的人。所以，結局顯而易見，改革是遙遙無期的。

小結

　　政府可以做什麼呢？首先可以設一個網站，針對每一個民意代表（包括議員、立委等）整理出其相關資料，像是出席記錄、支持與反對的法案與建設、甚至主要的質詢內容（現有的立法院公報缺乏讓一般民眾閱讀的興趣，也就無法達到監督的功能）。並且設立一個頻道在各縣市直播該地區議會的開會實況，以及另一個頻道在全國直播立法院的開會實況[5]。這樣民意代表才真正能對人民負責（而不是像現在對黨負責），人民也才真正能監督他們選出的民意代表。先做到這點再來以民主為傲吧！

---

5 2017 年 2 月 3 日起，於華視開播的「國會頻道」（https://www.parliamentarytv.org.tw/）提供立法院會議即時轉播。

道德勇氣真的是件好事嗎？

蘿拉看見約翰綁架瑪莉，於是她出面制止。結果，她被約翰殺了。斷氣前，蘿拉喊了一聲：「NO——」這個聲音鑽入時空裂縫，拉回原點。蘿拉看見約翰綁架瑪莉，她選擇漠視，結果，瑪莉被約翰殺了。蘿拉不忍，喊了一聲：「NO——」

蘿拉看見約翰綁架瑪莉，這次，她應該怎麼做？

問題

看到有人插隊時，我們是否要提起道德勇氣去制止呢？又是否應該鼓勵別人這麼做呢？

哲學思考

　　長期以來，臺灣社會鼓吹人民應有道德勇氣，勇敢站出來指責那些做出道德上錯誤行為的人，藉以淨化社會風氣。這看來是件好事，當我們生活在一個許多人會違反道德的環境，總希望能夠有所改善，如果很多人都能挺身而出，制止那些為了一己之私而破壞大家共同生活環境的人，那麼，這個社會應該會更美好吧！

我住在石碇，由於石碇屬於水源保護區，幾乎是個不能開發的地方，雖然距離臺北很近，但這裡不像臺北周邊其他城市那樣迅速發展，卻仍然保持著山區該有的特色。其中有個淡蘭古道，依山傍水，水中數不清的魚蝦，是許多人假日踏青健行的好去處。這個步道旁還長滿了野薑花，到了盛開的季節，整條小徑充滿著花色與花香，悠遊其間，在流水聲中，忘卻世間煩惱。

　　然而，近幾年來，在盛開的野薑花季，遊客們紛紛帶著「紀念品」回家，雖然旁邊立著「不可摘花」的告示，但人手一朵，不落人後。沒有政府單位取締，也沒有道德勇氣的協助，當花季來臨，能欣賞的，只有一株株斷頭的花叢整齊排列，迎風招搖。這也算是一種奇觀吧！

　　像這種難以執法取締的山中步道，若不依賴道德勇氣的制止，大概很難革除這種摘花的風氣。那麼，我們是否應該鼓吹大家提起勇氣，向摘花的人大聲說「不」呢？

　　道德勇氣，在許多方面有好處，如果多數人這麼做，就等於有一大堆社會糾察隊，對於減少許多不道德的行為有一定的幫助。指責那些不排隊的，大家開始乖乖的排隊；指責那些亂丟垃圾的，公共場所就會變乾淨；指責那些在室內吸菸的，空氣可以淨化，人們便減少了二手菸的危害。然而，道德勇氣卻也有壞處，而且其壞處不見得就低於好處。最大的問題在於，道德勇氣會製造衝突。

多年前有一則新聞，一個老婦指責一個壯漢插隊，因而被壯漢毆打成傷。錯當然在於壯漢。我們可以讚美這個老婦很有道德勇氣，但是，這個道德勇氣增加了社會上的衝突，我們還是要鼓勵她繼續她的道德勇氣嗎？這樣的鼓勵會不會有一天害了她的生命呢？

　　公然指責別人是要冒險的，因為沒有人喜歡被指責。如果這個被指責的人具有暴力傾向，那麼，這位道德勇氣者就要倒楣了。事實上，我們都知道有這樣的風險，但是，為什麼還要鼓吹道德勇氣呢？其實，很多支持道德勇氣的人是不會去指責別人的。意思是說，鼓吹別人冒險使用道德勇氣，讓社會變得更好，自己跟著沾光得利，卻不願意也挺身站出來。或許就像那些鼓勵軍人應該勇於為國捐軀，但自己卻躲在安全堡壘中的偉大領袖一般。當人們因為道德勇氣而受到傷害，我們給予掌聲、褒獎，要他繼續努力，並要大家學習。當軍人因奮勇殺敵而犧牲，我們也給予掌聲、褒獎，雖然他不能繼續努力了，就要他的子女繼承父志，並要大家學習這種了不起的精神。鼓掌者、褒獎者可能還禁止自己的子女從軍，禁止冒險做一個道德勇氣者。

　　這個社會應該要公平。如果我們要鼓吹道德勇氣，自己就要拿出道德勇氣。如果自己不願意這麼做，那就不要叫別人冒這種風險了。

道德勇氣的使用在許多方面也真的導致更不好的效果。例如，當道德勇氣者看到別人亂開車時就可能會猛按喇叭，這也變成是一種指責的行為。而被按喇叭的卻未必真的是亂開車，這種情況反而造成社會上更多的不愉快。許多道德勇氣者在指責別人時，把別人當罪犯一般。多數人以善良百姓自居，這些人平時守法助人，但當人們偶爾犯錯而遭受嚴厲對待時，心中實在很不是滋味。但由於的確錯在自己，啞巴吃黃蓮，只好悶著生氣，回家後還不知氣要發在哪裡。道德勇氣在社會上被隨意使用、濫用與錯用，這反而導致了更糟糕的後果。

　　「前面那輛車怎麼在這種無法超車的山路上開這麼慢，跟緊一點，逼他開快，讓他瞭解這裡不應該開這麼慢。」
　　「後面那輛車怎麼跟這麼近，開慢一點，讓他知道以後不能這樣跟車。」

　　道德勇氣既然有這麼多問題，那麼，我們要不要考慮反過來推行「不要多管閒事」運動了呢？那麼，讓我們思考一下，如果大家都沒有道德勇氣，沒人來多管閒事，這個社會是否將會變得更令人愉快？
　　其實不然。多年前在紐約發生一件駭人聽聞的事件。有個女人當街被砍傷，倒在血泊之中，附近許多目擊者和住家紛紛離

去、關門關窗，竟然沒人報警。兇手離去後又回頭毆打傷者好幾回，直到半個多小時後才有人報案，警察到了現場，人早已死去多時。當時大家感嘆，怎麼人心可以冷漠到這種程度。後來訪問附近居民，大家都說是害怕被報復所以不敢報警，倒不是沒有同情心。也就是說，不是人心冷漠，而是缺乏道德勇氣。

這種情況或許不會發生在臺灣，因為臺灣基本上鼓勵道德勇氣，而且一般來說比較不擔心警察和匪徒掛鉤。但如果我們開始強調保護自己而拋棄道德勇氣時，這樣的事情就可能會發生了。因為，只要還有一點風險，大家可能會想說，「反正別人會去打電話，我就不用打了。」這樣的冷漠社會應該不是我們期待的。寧可讓警察局接線人員煩死，也不要根本沒人報警。

因此，道德勇氣雖有壞處，但還是需要的，只不過我們需要考慮使用的時機與方法，而不是盲目的鼓吹別人要有道德勇氣。首先，必須衡量危險度，如果所冒的風險很小，對社會有幫助，不會製造新的衝突，那麼，你我都應該提起勇氣去做。像是告訴小朋友們不要插隊、看到事故、鬥毆、犯罪等打電話報警。而且，道德勇氣的使用也需要注意方法，使用最和緩的語氣與用詞、面帶微笑；使用請、謝謝、和對不起等這些魔法字眼；不要像是在面對罪犯一般譴責別人，因為大家都會犯錯；我們本身不是執法人員，也不能以執行公權力的態度去說話；另外，道德勇氣不是為了懲罰人，而是為了社會更美好，不需要製造更多的不愉快。

當聽到有人高喊「搶劫」時，又看到搶匪迎面而來，評估一下自身的能力，不要被道德勇氣的圖騰沖昏了頭，貿然害搶匪犯下更嚴重的罪孽。這不僅不會讓社會更好，反而製造更多、更大的衝突。

小結

傳統的道德勇氣與不管閒事之間有個較為適合的中間點，也就是改用最和緩、最不容易引發新衝突的方式來執行原本道德勇氣要做的事情。訣竅在於面帶微笑、最好使用問句或是建議的方式。語言中最好不要有任何譴責成分。這樣的做法對多數人來說會很不習慣，但如果從小學教育與社會教育同時做起，相信很快可以形成新的行為標準，社會祥和氣氛應該會改善很多。

依法辦理真的好嗎？

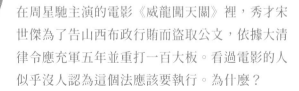

在周星馳主演的電影《威龍闖天關》裡，秀才宋世傑為了告山西布政行賄而盜取公文，依據大清律令應充軍五年並重打一百大板。看過電影的人似乎沒人認為這個法應該要執行。為什麼？

小王救起溺水者，上岸後警察給他一張罰單，「違法在禁游區游泳」，這樣的依法辦理適當嗎？

哲學思考

　　有一天，騎著機車不小心超過要轉彎的巷口，我緊急煞車。由於鄉間馬路上根本就沒車，本來想直接逆向回頭，但突然發現對面車道有輛警車正在等紅燈，看著裡面的警察，不太好意思違反交通規則，但又不想繞道迴轉，所以，我乾脆走在法律邊緣，用腳施力讓機車倒著走，我猜，這樣應該沒有違反交通規則吧！其實我也不太肯定，所以，我盯著那位警察先生看。

　　警察也正盯著我，但是，他的眼神卻讓我感到疑惑，竟然呈現出比我還更侷促不安的樣子。因此，我思考著，如果他因為不

想抓我而處在兩難之間，那就假裝沒看見就好了，爲何還一副很心虛的盯著我看呢？想著想著，我看到警察旁邊的人，這時我全明白了。

　　警察旁邊坐著一個看似剛放學的小學女生，我猜大概是他女兒吧。這位警察先生大概是利用出勤時間使用警車載女兒放學，所以，他搞不好以爲我是因爲發現他做這種事才緊急停車，並準備揭發他公器私用。這突然讓我覺得這個社會有點可悲，這一點點公器私用的事情也讓一位維護社會治安的警察感到侷促不安，這樣的社會眞的有比較好嗎？

　　如果一切都依法辦理。那麼，卽使不會影響公務，警察也不可以在值勤時間去載女兒放學，更不能使用警車，也不能讓女兒待在派出所寫作業等爸爸下班。不是嗎？但是，有必要如此嗎？

　　有一天，我的車在家門口被拖吊。那時已經很晚，整條馬路空空蕩蕩，眞不知拖吊的意義何在？雖然鄰居發現時跟警察說那是自家的車子，但是，停的是黃線，警察很嚴厲的宣示：「依法辦理」。

　　這種依法辦理的態度在臺灣社會愈來愈普及，許多人被這種觀念附身，擺出監督者的姿態。看見火車司機在駕駛座抽菸就去檢舉、看見公務員上班聊天也去檢舉，凡是看見於法不合的，不管有沒有影響公務，一律視爲罪犯，要求改進。就連遇到售票

員速度不夠快，也可以得理不饒人。

　　「依法辦理」，已經逐漸成爲一個絕對不會錯的口號。只要是依法有據，人們似乎就可以不用考慮其他因素。所以，當爭議出現，只要是站在「法」的這邊，就立於不敗之地。這也成了政客們的最佳防護罩。

　　數年前，師大夜市周邊居民抗議環境太吵，非法商店太多。市政府隨卽嚴厲執法，強迫不合開店法令的商店結束營業。預計師大路夜市商家將大規模縮減。這個舉動，傷了好多人的心。

　　師大路夜市是一個長期以來因爲特殊環境與機緣所產生的一個很特別的地方。這個地區鄰近臺大與師大兩所頂尖大學，加上許多不同國家前來的留學生聚集，經過數十年的發展，逐漸形成一個具有不同文化衝擊又勇於創新的商圈。在不起眼的角落裡，也隱藏著許多特色小店，傳遞著不同的美學與異國文化。這個地方在臺灣是獨一無二的，說是臺灣的國寶也不爲過，但很簡單的一句「依法辦理」，就可以毀了它。

　　當然，原則上，法必須遵守。一個不守法的社會將導致更糟糕的局面。當古希臘哲人蘇格拉底被惡意判處死刑時，卽使其學生買通了獄卒，安排好讓他們全家逃離國境，但蘇格拉底仍斷然拒絕。因爲，他認爲惡法也是法，必須遵守。我想，這對於每一個文明社會的人來說，都應該自我要求的。但是，對於執法者來

說，是否就可以合理的推論：「惡法也是法，所以一定要執行。」

我想，這是不同的兩件事。人們為了社會更美好，所以制定了法律。當某個特殊狀況使得法律的執行會導致更糟糕的局面時，是否仍然要執行呢？這是一個兩難困局。如果不執行，則法令不彰，可能會導致人人開始不願守法的後果，這種後果是我們不樂見的。然而，如果執行，卻造成本末倒置的窘境。那麼，我們該怎麼辦？

遇到類似情形，就是要運用智慧的時候了，在一個困境中想出兩全其美的辦法來。如果一個政治人物只知道依法辦理，那我們寫一個電腦程式來當市長就好了，何必還要經過一場花費龐大的選舉，耗費人民血汗錢，還要高薪聘請一個人來做市長呢？

思路 以師大路夜市來說，其主要特色是各種創意小店與異國文化，而抗議居民要的是寧靜的環境，此兩者可以完全不衝突。例如，直接設一個「特區」，此特區歡迎有特色的商店，但嚴禁高分貝產業，也取締民眾高聲談笑。那麼，居民有了更好的生活環境，師大路夜市也更能彰顯其特色。如此一來，兩全其美，困局反而成了轉機。

當然，某些困局或許真的難以找到解決方案，但是，如果市長無法想出更好的方法，何不請教高明的智者，或甚至祭出懸賞獎金，向全民求助？如果即使如此還是無法可想，那麼，再來依法辦理也還不遲吧！到那時，反對與憤怒的聲音也就不會這麼大

聲了。至少，我們也不希望因此喪失法律的約束力量。

　　然而，臺灣政治人物似乎沒有這種運用智慧的習慣。既然只要一句「依法辦理」就可以讓眾人閉嘴，而且又可以讓自己立於不敗之地，那又何苦去找其他的變通方案呢？而且，萬一變通方案處理失當，還要背負一個不依法辦理的罪名，搞不好到時還被彈劾，甚至被提告。如此一來，一個考慮個人前途的政治人物是不願冒這種風險的。

　　政治人物不是應該把社會進步看得比自己的前途更重要嗎？是的，照理說是這樣沒錯，而且這種願意為社會付出的人實際上也不少，只不過這些人通常不會願意蹚入選舉這渾水，四處拜票求人選他。就算救世精神非常的高，高到願意做到這種程度的犧牲，但是，這樣的人絕不會有財團支持，因為支持他們對財團來說根本無利可圖。所以，這種人就算參選也不太可能選上。這是臺灣這種民主型態下所造成的一件麻煩事，短時間內大概也不會有任何改變。

　　或許，當全民開始有共識、有智力、有眼光，能夠看懂政客們的花言巧語，願意唾棄那些只懂得「依法辦理」而不願意去尋找更佳解決方案的政客們，而且，多欣賞那些為了社會更好而不完全依法行事的政治人物。那麼，或許這樣比較能有轉機吧！

　　在社會上，無論是守法者或是執法者，除了應該了解法令之

外，也同時應該知道法令背後的根本意義與目的爲何？如果違背法令時，並沒有違背法令設立的根本目的，那就可以考慮先當做特殊案例而暫時忽視了。就像爲了救人違法跳下禁游區的人，給這樣的人開罰單的意義何在？

針對黃線停車，開一張違規停車罰單或許是合理的，這可以維護交通法規。但在空蕩蕩的街道拖吊的目的是什麼呢？看見有人躲在非吸菸區抽菸時，如果不影響到別人，又何必看不順眼呢？當遇見公務員邊辦公邊聊天時，如果不會耽誤太多時間，那就不要去管人家、也不用憤怒了，讓這個社會多點輕鬆、愉快的氣氛，這樣不是更好嗎？

小結

如果你不同意最後這個結論，沒有關係。這是不同社會風貌的選項。或許這樣的社會更理想，更輕鬆自在，但同時，似乎也對認眞做事並遵守規則的人不公平。這個議題還有待更進一步的思考。這篇主要的目的在於打破「依法辦理就是好事」的迷思。

人肉搜索是好事嗎？

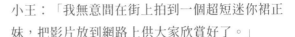

小王：「我無意間在街上拍到一個超短迷你裙正妹，把影片放到網路上供大家欣賞好了。」

小明：「沒經過人家許可，不可以啦！」

小王：「她敢穿出來逛街，就不會介意被放到網路上供人欣賞吧！」

小明：「如果你敢在街上挖鼻孔，是不是表示你也願意把挖鼻孔的畫面放在網路上供人欣賞呢？」

問題

拍到女藝人毆打司機的畫面，將它放上網是否適當？

哲學思考

　　當今臺灣社會，馬路上到處是攝影機、許多車輛安裝行車紀錄器、外加人手一支具有錄影功能的手機，更讓許多犯罪無所遁形。數年前的某一天，著名女藝人教唆友人毆打計程車司機一案，要是女藝人親自動手的畫面沒有被拍到，這個行為大概就會

被賴掉了。因此，社會上常常有這樣的說法，「現代社會眞的不能犯罪，否則太容易被捉了。」這樣的觀念逐漸散播開來，等到能夠深植人心時，我想，犯罪率應該眞的能夠降低。也就是說，這些錄影設備，成了防止犯罪的利器。

當然，防止犯罪的同時，也可能會侵害人們的隱私權。當這些錄下的影片僅僅用作呈堂證據時，或許爭議不大。但是，如果被公諸於世，這就很有問題了。

女藝人毆打計程車司機的畫面，算不算是一種應該被保護的個人隱私呢？如果這個影片僅僅放在警察與司法單位，作爲其犯罪的證據，這應該是好事，可以讓犯罪者難逃司法審判。但是，如果在大衆媒體被公開放映，這樣恰當嗎？如果我們只是透過文字報導，知道有這一回事，比起我們看到整個動態畫面所造成的深刻印象，這對其個人形象所造成的傷害是完全不同的。也就是說，他被證明有罪要接受一個法治社會的處罰，而畫面被公開播放則是一個額外的處罰，而且後者對當事人所造成的傷害很可能大過前者，這樣合理嗎？

或許有人會說，「誰叫她要做這種事？自認活該倒楣吧！」不！這樣的觀念等於把一個對錯誤行爲的處罰無限上綱：「只要有人犯了錯，任何加諸在他身上的處罰都是應得的報應。」這種心態等於是完全依照仇恨之心起舞，而不是一個理智思考的結果。例如，有個惡霸學生常欺負同班同學，但某一天，這

位惡人運氣不好，反被路見不平的人打成重傷，在這種情況下，很少人會去同情他，甚至覺得大快人心，「誰叫他做這種事呢？活該倒楣！」會有這樣的想法是因爲我們討厭這種人，「沒死算他運氣好。」然而，從理智上來說，這是他應得的報應嗎？

每一個人都會犯錯、甚至犯法。只不過多數人的小小過錯不會被抓到而已。試問，有人不曾亂丟垃圾嗎？有多少人沒有怒罵甚至侮辱過別人？所有撿到的錢，都送去警察局了嗎？如果不幸被捉到，我們可以自認倒楣，誰叫我們不遵守法律呢？被逮到後接受應得的法律制裁，大家心服口服。但如果正好被拍到，被放到網路上公諸於世，讓全世界的人觀賞我們撿錢放進口袋的舉動、罵人的嘴臉、以及亂丟垃圾的醜態。這種情況是大家都可以接受的嗎？這是我們期待的美好社會嗎？

女藝人毆打司機的畫面不應該被放在公衆媒體播放。這或許是對一個人更嚴厲的處罰，如果她是個好面子的人，你叫她以後怎麼抬頭挺胸地面對人群？如何忘掉這段不愉快的過錯去擁抱未來？這或許會毀掉一個人的一生，這難道也是她應得的處罰嗎？另外，被毆打的人已經夠倒楣了，爲什麼還要讓人觀賞這段不愉快的經歷？

有一天，媒體報導有個穿著性感的女郎在某便利商店將架上的商品一個一個拿起來往地上丟，原因不詳。整個事件被一名正

好在場的顧客拍了下來，接著他把這個影片放到網路上，進行人肉搜索。有誰認識這個人？她是誰？

這種人肉搜索近來在網路上很流行，美其名是在捉壞人，但是，從另一個角度來看，這種行為也同時在破壞人的隱私，以及對人造成非法律範圍內的處罰。

想像一下，假設這位性感女郎有某種精神疾病，她幻想架上的物品都被下毒，為了不讓別人被毒死，趕緊把這些東西都丟到地上。然而，拍的人不知情，在網路上認出她的人也不知情，最後，影片隨著姓名、地址、甚至電話被公諸於世。你說，這該怎麼辦？這位女郎所遭受的傷害應該由誰負責？

當然，或許有人會反駁說，那便利商店的損失又該如何？這個質疑當然是合理的，但是，人肉搜索是唯一的解決辦法嗎？最合理的方式應該是讓受過正規辦案訓練的警方來處理。如果警方無法找到這個人，拍攝者可以協助提供影片。如果有影片還是不行，必須大家來指認，那麼，人肉搜索或許可行，但方式也可以很保密，而且應使用靜態照片，而不是整個可以用來讓電視台賺收視率的動態過程。而且，線索只能向警察機構提供，而不是透過公開的網路。除非針對那種可以公開姓名的重大犯罪，否則，連同影片在內，應該在司法系統內處理，而不是公諸於世。

然而，目前臺灣社會對這種人肉搜索的行為似乎是無法可管，眾人也樂在其中。我想，可能必須等到有一天，這種人肉搜

索釀成悲劇之後，政府與大衆才會開始思考這個問題吧！何不在事前防範未然，不要讓悲劇發生呢？

思路 人肉搜索已經對人的不當行爲產生另一種法律範圍之外的處罰，而這樣的處罰並非來自於公權力，而是來自民間的個人行爲，這和動用私刑有何不同呢？

簡單的說，發動人肉搜索的人，其行爲實際上應該已經違背法治社會的基本精神，但似乎沒有任何法律條文可以限制其行爲。這不也形成一個法律漏洞了嗎？在相關法律制定之前，請大家放棄這種不當的娛樂，在好戲上演的背後，有人要付出慘痛的代價，而這樣的代價卻是法律之外的。你我都不願成爲這種受害者，何苦強加至別人身上呢？

小結

究竟什麼畫面可以放在網路上，什麼不可以放？在法律沒有介入的範圍內，請至少先套用處事金銀律，「己所不欲，勿施於人。」

媳婦應該關心公婆嗎？

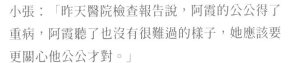

小張：「昨天醫院檢查報告說，阿霞的公公得了重病，阿霞聽了也沒有很難過的樣子，她應該要更關心他公公才對。」

老李：「如果阿霞真的不太關心公公，究竟是她的不對，還是公公的問題呢？」

問題

媳婦對公婆的關心應該要發自內心，還是做到表面即可？

哲學思考

「媳婦應該關心公婆嗎？」看到這個標題，或許會有人覺得很疑惑，難道還能不是嗎？這裡還可以有什麼爭議？還能有什麼想錯的地方嗎？「媳婦應該關心公婆。」這句話當然是對的。但就算它是對的，也不表示裡面沒有想錯的地方。

首先，讓我們看看其他幾個類似的句子，看能不能找到什麼問題？「學生應該尊敬老師」「丈夫應該愛妻子」以及「總統應該愛百姓」。這些當然也都是對的。因為，我們只要在「應該」

兩個字後面加上正面的描述語，就能造出一個正確的道德描述句。例如，「XX 應該關心○○」，只要是符合語言的日常用法，並且所關心的人、事、物是符合社會價值觀的，那麼，無論 XX 和○○代入什麼，都一定是正確的。甚至「人們應該關心仇敵」「劊子手應該關心死刑犯」等等。除非後面的描述語變成具有負面意義的詞彙，像是「兒童應該關心暴力新聞」之類的，否則，所說的話是不可能會錯的。

這種不可能會錯的話常常被用來說教，因為其無可反駁，所以說話者不用擔心說錯。但是，這類不會錯的話往往缺乏實質內容。即使它是對的，但要怎麼去做呢？這個問題便問出這類問題的荒謬之處。

問題重點在於，「關心」「尊敬」「愛」，這些詞彙要講的是針對內心的情感，還是行為？如果我們說，「媳婦應該關心公婆」這句話指的是媳婦應該要做出一些「看起來像是關心公婆的行為」，那麼，只要我們知道有哪些行為屬於「關心的行為」，我們就理解了這句話應該是要傳達什麼意義。但是，這是我們一般的解讀嗎？

當我們說，「丈夫應該愛妻子」，指的就只是要做出愛的行為嗎？而總統也只需要做出看起來像是愛人民百姓的樣子就行了嗎？基本上，這些話不是這個意思。它們真正要傳達的意思是說，丈夫必須發自內心去愛妻子、總統也應該發自內心愛護百

姓，而媳婦當然也要發自內心去關心公婆。但是，這樣的解讀卻產生一個錯誤，我們把兩種字詞不當的組合在一起了。「應該」和「內心的情感」在語意上根本就牛頭不對馬嘴。

「應該」是一種行為上的規範，其論述範圍必須是個人意志所能掌握的，超過這個範圍就會有點莫名奇妙了。我們可以說大家應該做善事，因為要不要做善事是大家可以決定的。我們也可以說某人應該要戒菸，雖然戒菸不容易，但基本上也還算是意志可以決定的範圍。但是，我們不能說，「總統應該施法術讓油價降下來」，除非他真的的懂法術，否則，這樣的說法是很荒謬的。

然而，「關心」「尊敬」「愛」，這些並不屬於我們意志控制的範圍。我們是否可以自由控制要不要發自內心去關心一個人？去尊敬一個人？或是去愛一個人呢？在情愛小說中，我們常常會看到一個說詞，「我真希望自己能多愛他一點」。這種心境在日常生活中很常見，但是，如果愛是可以自由控制的，那就不用只是希望，直接去改變自己就可以了。問題是，我們根本辦不到的。既然辦不到，這些話即使是正確的，也沒有什麼實質意義。

思路 「應該」是一個用來描述行為規範的用詞，只能限定在意志控制的範圍，超出此範圍使用這個詞彙就是不當的描述。例如：
牙醫：「麻醉藥的效用好像快過了，但我還沒拔完，你會痛嗎？」
小王：「好痛！好痛！」

牙醫：「你這樣不行，應該要讓自己不痛才是正確的。」
小王：「⋯⋯」

　　一個老師如果希望學生尊敬他，那麼，使用道德規範要求學生尊敬老師是沒用的。因為，即使學生相信尊敬師長是正確的、很想去做，但也可能做不到。這不是意志控制的範圍。最多，只能要求學生在其行為上表現出尊敬的樣子。如果希望得到學生發自內心的尊敬，這位老師就必須讓自己成為一個值得受人尊敬的人。

　　我們認為，總統應該發自內心愛百姓。當然這也沒什麼意義。總統也是人，要不要愛百姓也不是他能掌控的。當一大堆百姓每天在罵他的時候，總統不恨大家就不錯了，更不用說是愛了。在順序上，並不是一個人當選總統之後，他才「應該」愛百姓。而是一個不愛百姓的人根本就沒有資格當總統。所以，這句話應該改成，「我們應該選擇愛百姓的總統」。至於選上之後，我們最多只能說，希望他的政策是符合愛百姓的，至於他內心怎麼想，就連他自己也無法控制，更不用說什麼「應該」或是「不應該」的了。

　　當丈夫不愛妻子、或是妻子不愛丈夫時，局外人或許會勸他們，「夫妻應該要相愛」。這句話雖然是對的，但一樣是荒謬、沒有什麼意義的。人們無法自由決定是不是要去愛一個人。「不

相愛的人，不應該成爲夫妻」，這說法比較沒有問題，因爲，人們可以決定要不要成爲夫妻。但是，當愛情已逝，道德規範只能要求行爲表現，無法干涉內心世界。想要找回愛，就只能試著好好對待另一方，看看能不能喚回愛情。

　　當公婆希望媳婦發自內心關心他們時也是一樣，這不適合作爲一個道德規範。我們無法自由決定是否要發自內心去關心別人。如果公婆好好對待媳婦，媳婦自然會關心善待她們的人。反過來說，媳婦如果期待公婆也發自內心關心自己，那麼，就必須至少在行爲上有所表現，打動人心。媳婦畢竟不是真的子女，公婆與媳婦之間缺乏長期如親子般的情感，但卻要勉強扮演子女的角色，這對雙方來說都不是件容易的事情。如果在最初的時候，大家都能多爲另一方著想，保持很好的互動關係，時間久了，情感自然就會建立起來，到時婆媳間就能有雙贏的局面，讓每一方都多了一個能夠互相關心的親人。

小結

　　除了能夠自然生成的親情與愛情，想要得到別人真心的關愛，就必須先好好對待別人。

我們期待什麼樣的社會？

如果人類真能造出「人間樂園」，它應該會是怎樣的一種風貌？需要怎樣的高科技？怎樣的政治與社會制度、怎樣的文化與價值觀？或許，更重要的，需要怎樣的人心？

問題

「不要讓你的小孩輸在起跑點上。」
這種社會風氣好嗎？

哲學思考

　　很多人遺失過腳踏車、機車、甚至汽車。爲了不要再一次遭受損失與麻煩，我們把東西牢牢鎖住，或是讓它盡量不要離開視線。許多人家裡遭過小偷，於是在門上安裝幾道鎖，每天帶一串鑰匙出門，還把通向外面的窗戶與陽台架設破壞視野的鐵窗，不小心還阻絕了自家人的逃生通道。

　　我常常在想，如果這個世界上沒有小偷該有多好。大家約好不要偷別人的東西，我們就不需擔心東西遺失、不需帶鑰匙出門，還可以拆掉惱人的鐵窗迎接美景。簡單的一件事就可以讓整

五、社會篇

個社群全體得利，何樂而不爲呢？

後來，仔細思考一下，我發現，這件事情還真的一點都不簡單。主要問題還不在於勸人勿偷盜有多難，而是這整個社會潮流的運作必然會衍生出小偷。這樣的趨勢就像瀑布一定會生出泡沫一樣，雖不確定何時何處，但一定會有。

只要人們有私有財產，就一定會有偷盜行爲產生，這是人的天性。當一個人見到一樣喜歡的東西，自然就想占爲己有，既然有這樣的欲望，又無法用正當方式獲得，那麼，就會衍生偷盜的動機。動機一起，在衆多條件配合下，行動就會發生。而社會的複雜運作總會製造出符合各種條件的人，因此，偷盜便成了無可避免的社會事件。而其他多種犯罪類型也是一樣。

爲了防止犯罪，人類社會制定法律並且發明許多方法防止人們採取犯罪行動。嚴刑是主要的方法，愈嚴的刑罰，嚇阻力愈強。但是，依據人性思考習慣，一定會有人認爲自己不會被發現而鋌而走險。所以，除了嚴法，還必須提升破案率才更有效。當犯罪很容易被捉，人們便不再心存僥倖。所以，目前社會上到處充滿監視攝影器材、以及監聽設備，這的確有助於降低各種犯罪的發生。

然而，爲了減少東西被偷的麻煩，當刑罰愈來愈嚴，我們便要忍心觀看一個鋌而走險的人遭受嚴刑對待。如果有一天，當自己也處在不得不偷盜的處境時，那又是怎樣的一個光景呢？爲了

提高破案率，到處充滿攝影機與監聽人員後，不僅犯罪容易被抓，自己的隱私也被窺視，這真的是我們期待的社會嗎？

當我幻想著「這個世界沒有小偷該有多好」，這個想像等於是把社會放進一個抽取機中，把小偷的成分抽掉，其餘保留。這樣的想像根本就和人性相衝突。事實上，抽掉小偷的成分就不可能有「其餘保留」的情況。如果要徹底根除偷盜行為，唯一的方法大概就是一併除去私有財產，一切都公有。既然一切都公有，大家皆可自取，那就無所謂偷盜了。但是，想想也知道，依據人的天性，這只會更糟。

到吃到飽餐廳看看就可以明白。對所有顧客來說，所有食物都是共有的。如果某些東西限量供應，這些東西一端出來就會被瞬間秒殺。這時會看到某些人盤裡裝滿一大堆，不管能否吃完，先搶先贏。當一切都公有時，除非是無限量供應，否則，依據人性自然運作，情況將會更糟。

我們追求好的社會，期望犯罪率降低，因而發明了法律，雖然法律和某些預防方法能有效降低犯罪，但這些防範措施卻讓每一個人都必須付出代價，有時所付出的代價還高過了原本期望的改善。這當然不是我們期待的理想社會。

那麼，我們期待怎樣的社會？這原本是一個很簡單的問題。我們期待一個可以輕鬆生活又無負擔的社會、互相幫助問候的社

會、欲望都能滿足的社會、沒有犯罪的社會等等。只不過，許多期待是互相衝突的、許多想保留的和想去除的緊密結合而難以分割，至少在目前的社會結構與人性組成的人群中是如此。如同瀑布一定會形成泡沫，我們只要瀑布而不要泡沫是辦不到的。

然而，物質的特性或許難以轉變，人的天性或許也難以修改，但人心卻可以藉由教化而有所不同。追求一個理想社會的重點不在於防堵犯罪的洪流，而在於疏導人性的犯罪因子。問題在於整個社會的價值系統與教化方式。

記得在美國求學時，有個從臺灣移民到某國家的學弟跟我說，他父親聘請該國家某個農人協助照顧果園，但這人什麼也沒做，水也不澆，看也不去看一下，兩個星期後，樹苗全死光了，但還是要求必須要付他薪資。

這種情況在臺灣基本上不太可能發生，但在當地卻是習以為常。基本上我們不認為這是人種的差異。但不同的風俗、文化、價值觀與社會教育會產生完全不同的思考與人心。要思考理想社會，就要思考什麼樣的風俗文化與價值觀能導出更理想的社會，而社會教育就當朝這個方向出發。

我們很難一下子就想出一整套最好的價值與教育系統，但可以對現在許多習以為常的事物反思，看看哪些部分應該改變，而且思考更好的社會結構。這也是哲學與社會科學的重要目標與其

價值所在。

首先，尤其在臺灣，每當總統大選，第一個主要話題就是經濟，哪一個候選人讓人相信他能讓臺灣經濟快速成長，其當選機會就最高。因此，經濟總是成為選戰的最主要議題。然而，經濟成長的背後，人們卻要付出慘痛的代價。空氣污染、環境破壞，以及人們被來自各方競爭的壓力扭曲性格，緊張、易怒、以致社會上因小事而起的衝突不斷發生。到頭來，物質生活或許得到改善，但人們並沒有更幸福、更快樂。

這個時代的人類已經迷失在這條物質享受的路上，我們以為幸福就是下一站，以為經濟成長爬升，生活就愈輕鬆快樂。但國民所得數據或許不斷升高，心靈卻沒有更喜悅。人們引頸期待著，「或許，經濟再多成長一點，幸福就真能降臨。」但等著、等著，幸福卻是永遠的下一站。

現在，應該是發現走錯路的時候了，這是一個不當的價值觀。如果我們握起社會結構的方向盤，從物慾的滿足，轉向豐富的心靈生活，人人開始羨慕那些怡然自得的樂活者，而不是銀行帳戶的天文數字，那麼，這個社會應該會走向令我們更期待的地方。

除此之外，這個社會多數人自以為是正義之士，但實際上卻不是。嚴厲處罰霸凌者的資深老師可能正把一大堆自己不想做的事情丟給新進老師；喜歡批評別人道德敗壞的人看不見自己的虛

情假意；當教育者都無法看清自己與認清真相的同時，教育就難以對症下藥，甚至只有反效果。人人戴上道德的眼鏡，對外搜尋違反者，並加以批評，但卻永遠看不見自己的瑕疵。這只會讓社會變得愈來愈令人感到厭惡。因此，讓全民去學習正確的人性與自我，這可能比學習外語還要更重要。

另外，當今社會太過強調競爭，「不要讓你的小孩輸在起跑點上！」這口號讓人從小就被父母灌輸競爭的觀念。想逃都逃不掉。雖然，競爭是人的天性，但是，這樣的風氣帶給社會不愉快的氣氛。社會風俗應該盡可能淡化這種人性，而不是去助長它。「不要讓你的孩子從小就沉浸在競爭的毒害裡！」

大多數的社會風俗是自然形成的。中華文化自周公制禮作樂之後，除了為達成某些政治目的，人類智慧很少主動去干涉、甚至主宰社會風俗的走向。但為了追求一個更為理想的社會，我們應該這麼做。運用智慧尋找更好的風俗、價值觀、文化，並且配合教育方法，實現一個更理想的社會型態。

小結

本書所談的每一個例子，都是值得反思的觀念。但就像本篇開頭時所說，社會文化中的許多事物無法單一抽離而其他保持不變。許多文化特質是互相衝突的。就像在討論「最夢幻工作」

時談到的，許多工作的優點也互相衝突，無法同時俱備。但社會風氣與人心的改變可以彌補這個缺憾。

　　想要有個更美好的社會，就像在討論認識自我時一樣，首先必須清除錯誤的想法。把多數人都想錯的事情先改正，讓一切回到正軌，真正需要面對的問題就會自然浮現。再沿著這些問題的引導，尋求解答與改變。如此一來，我們就可以朝更美好社會的目標前進了。就像認識自己之後，才能開始成為真正的求道者。而前往終點的方向，也才能撥雲見日。

　　然而，「最理想的社會是什麼？」不是自己說了算。就像在談戀愛一般，以思考對象的想法為依據。而實施方法，也不應像在談自由主義時所講到的「強迫別人」，否則，說不定結果更糟。那麼，這不是太困難了嗎？我們該怎麼做呢？遇到困難，就是轉機，就是運用智慧的時候了，開啟智慧，迎接這個挑戰吧！

這樣想沒錯但也不對的邏輯思考課

哲學家告訴你關於戀愛、校園、人生、心理、社會的 40 個大哉問

（初版原書名：這樣想沒錯但也不對的 40 件事：哲學家告訴你關於戀愛、校園、人生、心理、社會的大哉問）

作　　　　者	冀劍制	
裝 幀 設 計	黃昀嘉	
業　　　　務	王綬晨、邱紹溢	
編 輯 企 劃	劉文雅	
企 劃 主 編	賀郁文	
主　　　　編	王辰元	
特 約 總 編 輯	趙啟麟	
發 　行 　人	蘇拾平	

國家圖書館出版品預行編目 (CIP) 資料

這樣想沒錯但也不對的邏輯思考課：哲學家告訴你
關於戀愛、校園、人生、心理、社會的 40 個大哉
問 / 冀劍制著 . -- 二版 . -- 臺北市：啟動文化出版：
大雁文化事業股份有限公司發行 , 2023.06
　面； 公分
ISBN 978-986-493-137-8(平裝)

1.CST: 倫理學 2.CST: 道德 3.CST: 問題集

190.22　　　　　　　　　　　　112004218

出　　　版　啟動文化
　　　　　　台北市105松山區復興北路333號11樓之4
　　　　　　電話：（02）2718-2001　傳真：（02）2718-1258
　　　　　　Email：onbooks@andbooks.com.tw

發　　　行　大雁文化事業股份有限公司
　　　　　　住址：台北市105松山區復興北路333號11樓之4
　　　　　　24小時傳真服務：（02）2718-1258
　　　　　　Email：andbooks@andbooks.com.tw
　　　　　　劃撥帳號：19983379
　　　　　　戶名：大雁文化事業股份有限公司

二 版 一 刷　2023年6月
定　　　價　470元
I　S　B　N　978-986-493-137-8

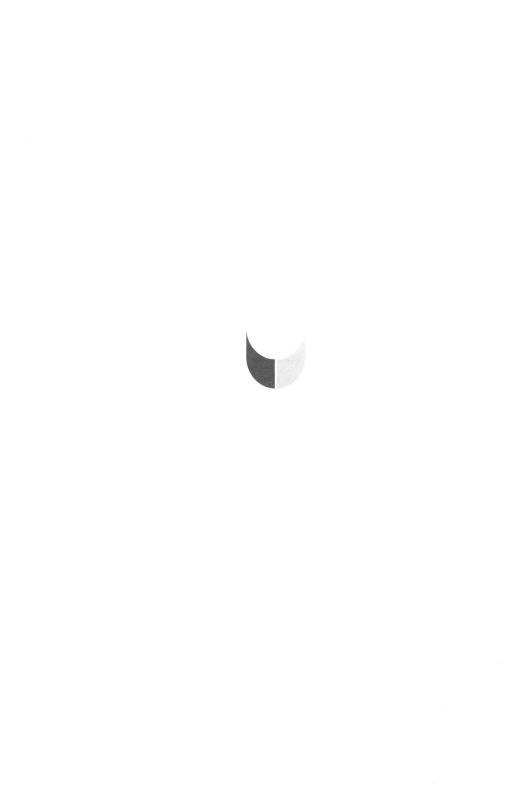